Lebensziel: Glücklich sein

Springer Nature More Media App

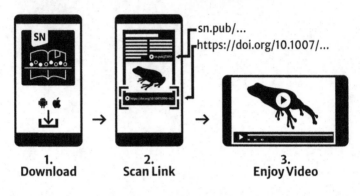

sn.pub/...
https://doi.org/10.1007/...

1.
Download

2.
Scan Link

3.
Enjoy Video

Support: customerservice@springernature.com

Maik Göbbels

Lebensziel: Glücklich sein

Mehr Gesundheit, Energie und Lebensfreude

Unter Mitarbeit von Gabriele Borgmann

 Springer

Maik Göbbels
Zellglück GmbH
Hosingen, Luxembourg

Die Online-Version des Buches enthält digitales Zusatzmaterial, das durch ein Play-Symbol gekennzeichnet ist. Die Dateien können von Lesern des gedruckten Buches mittels der kostenlosen Springer Nature „More Media" App angesehen werden. Die App ist in den relevanten App-Stores erhältlich und ermöglicht es, das entsprechend gekennzeichnete Zusatzmaterial mit einem mobilen Endgerät zu öffnen.

ISBN 978-3-658-36900-2   ISBN 978-3-658-36901-9 (eBook)
https://doi.org/10.1007/978-3-658-36901-9

Die Deutsche Nationalbibliothek verzeichnet diese Publikation in der Deutschen Nationalbibliografie; detaillierte bibliografische Daten sind im Internet über http://dnb.d-nb.de abrufbar.

Springer

Lektorat/Planung: Irene Buttkus
Titelfoto: Maik Göbbels
Springer ist ein Imprint der eingetragenen Gesellschaft Springer Fachmedien Wiesbaden GmbH und ist ein Teil von Springer Nature.
Die Anschrift der Gesellschaft ist: Abraham-Lincoln-Str. 46, 65189 Wiesbaden, Germany

Game Changer – Ein Vorwort von Dr. Jens Freese

Eine Frage der Perspektive: Für Zellforscher sind die Mitochondrien der Schlüssel zur lebenslangen Fitness. Für Mediziner entscheidet unser Immunsystem, ob wir krank werden oder nicht. Und für Psychologen beginnt Gesundheit im Kopf.

Wer hat recht? Alle, denn unser Körper ist ein Netzwerk, das keine Fachgebiete kennt. Alles kommuniziert mit allem. Dafür hat die Evolution ein Nerven-, ein Hormon- und ein Immunsystem geschaffen. Stehen all diese Systeme optimal im Einklang mit der gewählten Umwelt, in der wir uns mit unseren individuellen Motivatoren aufhalten, sind wir resilient. Und diese Widerstandsfähigkeit ist davon abhängig, wie wir mit den unser Leben beeinflussenden Faktoren wie Zeitdruck, Lärm und Existenzbedrohung umgehen – also wie wir die Situation, in der wir leben, subjektiv interpretieren.

Vor kurzem schickte mir eine Kundin ein Feedback. Sie ist Angestellte in einem Labor und kam mit diversen Nahrungsmittelintoleranzen zu mir. Ich stellte ihre Ernährung um, gab ihr einige Mikronährstoffe, die die Histamin produzierenden Immunzellen beruhigen können, und fragte sie abschließend: Wie zufrieden sind sie eigentlich mit ihrem Leben? Die Antwort: Sehr unzufrieden, weil mir mein Job keinen Spaß macht. Daraufhin analysierten wir ihre berufliche Situation. Ihr Milieu war alles andere als motivierend. Man könnte auch sagen: Mit Leidenschaft hatte das wenig zu tun. Sie arbeitete mit toxischen Materialien in einem nicht lüftbaren Raum, mit toxischen Kollegen und einem toxischen Chef. Mit anderen Worten: Die Arbeitsatmosphäre war mies und demotivierend. Ich gab ihr den folgenden Hinweis: *Dort, wo man krank wird, wird man nicht gesund.* Dieser Satz war der entscheidende Game Changer. Sie kündigte und fand schnell einen neuen Job. Ihr Feedback nach wenigen Wochen war überwältigend. Es ging ihr sehr viel besser. Die Symptome waren fast vollständig verschwunden. Lag es am Vitamin C für die wild gewordenen Immunzellen in ihrem Darm? Nein. Sie freute sich auf ihren neuen Job, auf neue Kollegen und ihre neue Aufgabe.

Professor Robert Lustig, ein renommierter Kinderarzt und Neuroendokrinologe, prägte den Satz: Wer seine Biochemie ändern will, der muss seine Umwelt ändern. Sie kennen diese Menschen, die rauchen, trinken und vordergründig alles dafür tun, ihre Gesundheit zu sabotieren. Aber sie sind selten krank. Und dann gibt es diejenigen, die auf alles achten, was vermeintlich gesundheitsförderlich ist, sich aber ständig krankmelden. Die Empfindlichkeit ist unsere Genetik. Die Veränderung der Lebenssituation ist Epigenetik. Wenn die Tasten eines Klaviers unsere Gene sind, dann ist Epigenetik die Melodie, die Sie auf diesen Tasten spielen. Und diese Melodie können Sie verändern. Jeden Tag können Sie Einfluss auf die Melodie ihrer Gene nehmen – im positiven wie im negativen Sinne. Eine toxische Beziehung, ob im Beruf oder im Privatleben, vergiftet nicht nur Ihr Immunsystem, sondern auch Ihre mentale Verfassung und damit Ihr psychophysisches Gleichgewicht.

Wenn Sie Ihre Lebenssituation aktiv verändern, verändert sich auch die Melodie Ihrer Gene. Wenn Sie die richtige Lebensmelodie finden, kommen Ihre Zellen in den Flow zurück. Auf diese Weise können Sie nicht nur Ihr Immunsystem beruhigen, sondern auch Ihr Mindset in eine positive Denkrichtung bringen. Das verschafft Ihnen eine tiefe innere Zufriedenheit, statt sich für ein toxisches Leben mit Materiellem belohnen zu müssen, das Sie zum einen nicht benötigen und das zum anderen Ihrer Gesundheit schadet.

Dieses sehr persönliche Buch meines geschätzten Kollegen Maik Göbbels liefert Ihnen ein Füllhorn an wichtigen Denkanstößen, wie Sie Ihre innere Kompassnadel wieder neu justieren können – damit Ihre Zellen nur so vor Energie strotzen und Sie in Ihrem Leben wieder Berge versetzen!

Köln, Deutschland   Jens Freese
Sommer 2021

Danke

Dank ist die Erinnerung des Herzens.
Deshalb danke ich:

Meinen Eltern.

Anuschka, die vieles, was ich mir mühselig erarbeitet habe, schon seit Geburt in ihrer DNA trägt.

Unseren beiden Kindern Sienna und Vito, denen ich ein lebenslanges Zellglück wünsche.

Doris Schaus, meiner ersten Kundin!

Marcel Creutz, von dem ich sehr viel Weisheit gelernt habe.

Christian Titz und Ralf Becker, die mir die Chance gegeben haben, einen Profivertrag beim HSV zu erhalten.

Dr. Jens Freese, von dem ich sehr viel lernen durfte!

Christoph Meyer, der mir den ersten Großauftrag für die Zellglück GmbH erteilt hat.

Allen Wegbegleitern meines Lebens.

Last not least danke ich Gabriele Borgmann. Ohne ihr Schreibcoaching wäre dieses Buch so nie entstanden.

Prolog: Die zwei Seiten des Glücks

Hamburg, 3. August 2018, 20:30 Uhr, Hamburger SV gegen Holstein Kiel, 2. Bundesliga, Saisonauftakt
90 Minuten saß ich auf der Bank im Volksparkstadion. Ich schrie und feuerte meine Mannschaft an. Nach bester Trainermanier zitterte ich mit den Jungs auf dem Rasen. Wo war der Mut, wo die Zuversicht aufs Siegen? Beides hatten wir trainiert – und nun stand es 0:3. Kein Tor für den Hamburger SV gefallen.

Meine Mitte löste sich auf. Da gab es nichts mehr zum Festhalten, nichts mehr, was Logik bedeutete. Ich widerstand dem Impuls, aufzuspringen, auf den Rasen des Stadions zu laufen und zu rufen: „Ihr könnt mehr!" Dabei liefen sich die Sportler bereits die Seele aus dem Leib. Gaben alles, ich wusste es. Und ich wusste auch: Die Angst war ihr Feind, und der war schneller als sie selbst. Denn es stand viel auf dem Spiel: Punkte, Image, Geld und die Erwartungen der Fans. Vor allem ging es um den Weg zurück in die Erste Liga. Darauf hofften die Millionen Menschen an den Fernsehgeräten und die 57.000 Fans im Stadion. Sie trugen uns in diesem Spiel. Die Energie addierte sich zu

einem Stoff, der tief in die Zellen ging. Ich hatte ihn ein-
geatmet und mit jedem Ausatmen gedacht: ‚Wir werden
gewinnen. Wir werden die Kieler schlagen.' Das dachte ich
mir noch in der 89. Minute, als längst keine Wende des
Schicksals mehr möglich war. Aber in dieser aufgewühlten
Schlussphase bestimmte nicht die Vernunft das Denken,
sondern pure Emotionen verknüpften sich zur Hoffnung.
Der Rest ist Fußballgeschichte: Der Hamburger SV verlor
das Auftaktspiel der damaligen Saison. Und wenn ich heute
daran zurückdenke, dann höre ich noch diesen Jubel hinter
der Trainerbank. Die Fans trotzten der Niederlage. Auch
ich tat das, denn ich war erfüllt von meiner neuen Aufgabe.
Ich dachte: Angekommen. An der Spitze der Karriere. Ich
hatte den Vertrag als Co-Trainer dieses wunderbaren Ver-
eins in der Tasche. Ich war stolz.

Viele Manager und Unternehmer mögen diese Emotion von
Stolz spüren, wenn ihnen ein Deal gelungen ist, von dem sie
lange träumten. Mehr noch! Ich vermute, nein, ich weiß es: Jeder
Mensch auf dieser Welt kann seinen persönlichen Karrieregipfel
erreichen, kann einen solchen Gänsehautmoment empfinden,
weil sich etwas erfüllt, das er sich lange Zeit vorstellte und das
nun Wirklichkeit wird. Dazu bedarf es keines Applauses von
57.000 Menschen. Manchmal sind es sogar sehr leise Momente,
die einem den wohligen Schauer über den Rücken laufen lassen.

Was war Ihr letzter Gipfel im Leben? Wann haben Sie
das letzte Mal gestrahlt vor Glück?

Wenn Sie daran zurückdenken, werden Sie zwar noch
immer Freude empfinden, aber nicht mehr dieses stolze
Glück, das jede Zelle durchdringt und Ihren Herzschlag erhöht. Heute rückt die zeitliche Distanz Ihr Empfinden wieder gerade. Sie betrachten die Dinge nicht mehr taumelnd,
sondern mit einem Schuss Vernunft. Denn die Zeit heilt
nicht nur Wunden, sie rückt auch die Glücksmomente in
Perspektive und erlaubt Ihnen, klarer zu sehen. Das ist gut,
denn das ist das Gesetz der Polarität. Auch das Glück hat

zwei Seiten: Die eine ist emotional fern der Vernunft, die andere ist der Zweifel.

Entgegen der allgemeinen Ratgebermeinung, den Zweifel zu ignorieren, möchte ich Ihnen empfehlen, ihn zuzulassen. Denn das hat mich das Leben gelehrt: Durch die Reflexion nach dem stolzen Glücksmoment können Sie wachsen und weiser werden. Der Zweifel wird sich übrigens nicht sofort einstellen. Aber seien Sie gewiss: Er meldet sich. Immer. Nehmen Sie ihn an. Nehmen Sie ihn ernst. Geben Sie ihm Raum, denn er führt sie zu besseren Entscheidungen.

Das tat ich auch. Nicht auf der Spielerbank, nicht im Stadion. Viel zu aufwühlend waren diese Stimmungen an jenem Abend im Volksparkstadion. Später allerdings, als ich allein war und die Jubelmomente verstummt waren, meldete sich die meine kritische innere Stimme. Sie flüsterte: ‚Ist es wirklich das, was du willst? Erfolg ohne deine Familie? Die Trennung von Frau und Kindern über Tage und Wochen hinweg?' Zunächst schob ich diese Gedanken zur Seite und sagte mir, ich sollte nicht undankbar sein. Mir hatte das Leben unverhofft *die* Chance vor die Füße geworfen und ich hatte sie ergriffen. Ich hatte einen Jahresvertrag unterschrieben, der wie eine Eintrittskarte in die Welt des ganz großen Fußballs war. Wie aus dem Nichts war mein Leben aus einem kleinen Coaching-Studio in Belgien auf die ganz große Bühne befördert worden.

Der Cheftrainer des Hamburger SV, Christian Titz, wollte mich unbedingt in seinem neuen Trainerteam haben. Damit begann das Abenteuer. Der Unterschrift unter dem Vertrag folgten Presseauftritte, Interviews, sie bescherte mir sogar eine Headline auf Seite eins der BILD-Zeitung. Ein Highlight jagte das nächste: Derby gegen St. Pauli, immer ausverkaufte Spiele, Trainingseinheiten vor 4000 Zuschauern, ein Trainingsfreundschaftsspiel gegen Bayern München, DFB-Pokal-Halbfinale, Flüge zu Meisterschaftsspielen mit Chartermaschinen, Aufenthalte in den besten Hotels, umgeben von Fans und Medien. Es gab Sekunden, da kniff ich mir selbst in den Arm, um zu spüren, dass das alles real war. Dass der kleine Junge aus Eupen in Belgien, der es nur zum Halbprofi geschafft hatte, sich plötzlich Trainer in der Bundesliga nennen durfte! Und selbst als Christian Titz entlassen wurde, hielt der Verein an mir fest. Ich saß nun mit dem neuen Cheftrainer Hannes Wolf auf der Bank – das Abenteuer ging weiter. Hielt sich bis dahin das Gerücht, dass ich es nur durch Umstand und Beziehung bis zum Co-Trainer geschafft hatte, so schwiegen nun die Lästerer. Durch das vorzeitige Angebot der Vertragsverlängerung 2019 im Wintertrainingslager in Südspanien rückte auch bei ihnen meine Leistung in den Fokus. Gut so, dachte ich – unterschrieb den Dreijahresvertrag und spürte wieder dieses stolze Glück. Und wieder meldete sich die innere Stimme: Willst du das wirklich? Willst du die temporäre Trennung von der Familie? Es sollte noch eine ganze Zeit dauern, bis ich den Mut aufbrachte, auf meine Zweifel zu hören.

Das weitere Jahr verlief nicht so, wie wir uns dies vorgestellt hatten. Die Stimmung der Fans kippte – und auch die Medien waren nicht zimperlich mit uns. Die Nerven lagen blank im Team des Hamburger SV. Der Druck wuchs – auf den Vorstand, auf das Trainerteam, auf die Spieler. Keine Zeit, sich zu sammeln, zu regenerieren. Ein Termin folgte dem anderen. Zwischen den Trainings keine Pausen. Der mögliche direkte Wiederaufstieg in die erste Bundesliga nahm Fahrt auf.

Nach der Auswärtsniederlage am 33. Spieltag gegen Paderborn passierte es: Der direkte Wiederaufstieg war nicht mehr möglich. Wir gewannen zwar unser letztes Spiel 3:0 gegen den MSV Duisburg, jedoch fehlten am Ende der Saison zwei Punkte zum direkten Wiederaufstieg.

Bis heute suche ich nach Gründen, frage mich, wo mein Anteil war, wo ich Chancen nicht gesehen hatte, wo wir zu ängstlich waren. Als Coach war es mir nicht gelungen, die Angst aus den Köpfen der jungen Spieler zu bekommen. Sie waren damals zum

Teil nicht älter als 17, 18 Jahre. In diesem Alter geht jede Kritik mitten ins Herz. Wo gestandene Sportler sich Mechanismen der Widerstandskraft erarbeitet haben, ist bei jungen Spielern eine hohe Verletzlichkeit. Bei jungen Menschen fehlt die Schutzmembran gegen Angst und damit die Chuzpe, auch mit der Kritik von Millionen Menschen locker umzugehen. Rückblickend kann ich sagen: Wir haben gekämpft! Wir haben zu keinem Zeitpunkt daran gezweifelt, dass uns ein Aufstieg in die Erste Liga gelingen konnte. Aber es ist sehr schwierig, den Glauben an die eigene innere Kraft nicht zu verlieren, wenn einem der äußere Druck wie ein eiskalter Wind entgegenweht.

Am Ende der Saison kündigte der Vereinsvorstand an, „jeden Stein umzudrehen". Ich war drei Tage vor der neuen Saison sozusagen der letzte Stein, dem dieser Dreh widerfahren sollte. Dieter Hecking kam als neuer Cheftrainer ins Team und Jonas Boldt kam als neuer Sportvorstand zu mir. Wir sprachen miteinander, fair und vertrauensvoll. Mit dem Ergebnis, dass ich augenblicklich von meinen Aufgaben freigestellt wurde. Eine Vollbremsung von hundert auf null.

Von da an habe ich mich intensiv auf die Suche nach Antworten begeben, habe erforscht, warum glänzende Karrieren enden, warum Glück sich nicht an äußeren Umständen messen lässt. Meine Ergebnisse führe ich in diesem Buch zusammen. Es ist ein Energiebuch, das Ihnen helfen soll, nach Rückschlägen, Scheitern oder Stürzen aufzustehen. Und es ist ein Motivationsbuch, um Ihr eigenes Glück zu finden und es tief in Ihren Körperzellen zu verankern.

Mir persönlich hatte dieses Jahr als Co-Trainer die Einsicht geschenkt, dass nicht jeder sich erfüllende Traum auch das höchste Glück bedeutet. Wie oft blicken wir hoch in die Sterne und nehmen deshalb die tausend kleinen Chancen im Alltag nicht wahr! Wir warten auf den ganz großen Einsatz, auf den Supererfolg und denken, dann würde alles besser, alles leichter. Dann käme endlich das Glück. Nur schreibt das Leben andere Skripte. Es schreibt oft Heldenreisen, die ohne Ausschläge bleiben – und doch von einem Happy End gekrönt werden. Große Ziele können enttäuschend sein, selbst, wenn man sie erreicht. Und auch ein Held kann scheitern. Haben Sie jemals das Gefühl gehabt, Sie könnten sich verlaufen, die Grundlage für Glück überrannt haben? Dann bewegen wir uns in Bahnen, die nicht unserem eigenen Bauplan entspringen, verlieren unsere individuelle Authentizität. Die Folge sind Stress und psychische bis hin zu physischen Gefahren. Wir vergessen oder übergehen, was für uns persönlich wichtig ist. Ich bin ein Freund von großen Zielen und habe in mehr als 11.000 Coachingstunden Menschen auf ihren Wegen dorthin begleitet. Aber immer achte ich darauf, dass dieses Ziel seinen Ursprung in dem individuellen Bauplan, dieses Menschen hat, in seinen Zellen, dass es sich entwickelt kraft des eigenen Talents, der eigenen Stärken. Dann kann ein kleines Ziel ein großes Glück bedeuten. Denn Glück, das habe ich gelernt, lässt sich nicht gewichten. Es ist und bleibt eine höchstpersönliche Sache.

Glück braucht kein Rampenlicht

Glück definiert sich weder durch Geld noch durch die Anerkennung der anderen. Das sind lediglich nette Zugaben, es ist die Garnitur, aber nie die Essenz. Erst wenn Sie Ihre Aufmerksamkeit nach innen lenken, den Radau im Außen ausblenden, erst, wenn Sie sich im Hier und Jetzt fragen, was in Ihrem Leben wirklich, wirklich wichtig ist, kann diese Antwort zu einem Aha-Moment werden. Und sollte es Ihnen gelingen, diesen Moment von althergebrachten Denk-Mustern, von Glaubensmustern, und Überzeugungen zu trennen, dann kann in nur einer einzigen Sekunde eine Veränderung erfolgen. Sie beginnt mit einer neuen Wahrnehmung, wird zu neuen Gedanken, wird zum Gefühl, zur Produktion von Neurotransmittern, zur Realität in Ihren Billionen von Zellen. Welch eine Energie. Diese Kaskade beschreibe ich in diesem Buch. Es ist meine berufliche Bestimmung, Ihrem Leben mehr Gesundheit zu geben, mehr mentale und körperliche Stärke. Ich habe meine Methode als Sportcoach auf das Selbstmanagement übertragen. Dieses Buch bietet einen überraschend einfachen und ehrlichen Ansatz, der nicht an der Oberfläche bleibt, sondern tief in ihren Zellen von innen nach außen einen neuen Energiefluss auslöst.

Ich vermute, Sie haben sich an manchen Stellen auf Ihrem Lebensweg gefragt, ob die Richtung, das Tempo, der Rhythmus stimmen. Vielleicht hat ein vages Unwohlsein Ihre Entscheidungen begleitet. Sie haben es zur Seite geschoben und sich eingeredet, das würde sich mit der Zeit legen. Tat es nicht. So sind Sie über diese leise Stimme hinweggegangen, schließlich vielleicht einem Ziel gefolgt, das nicht Ihrem inneren Bauplan, Ihrer DNA entsprochen hat. Das verursacht auf Dauer einen gesundheitsschädigenden Stress und am Ende landen Sie an einem Ort, an den Sie nicht gehören. In den 20 Jahren als Gesundheitscoach sind mir viele Menschen begegnet, die auf solchen Wegen krank geworden sind. Sie wurden dick, bequem, energielos. „Warum mich anstrengen", so fragten sie, „wenn ich doch nicht glücklich werde?" Darauf antworte ich mit diesem Buch. Es soll sie inspirieren, sich an jedem einzelnen Tag zu fragen, ob die Richtung stimmt und ob Ihr Ziel noch begehrenswert erscheint. Anders gesagt: Ob Sie auf der „Trainerbank" sitzen und fiebern und jubeln, die für Sie passt!

Um das herauszufinden, nehme ich Sie mit auf eine Reise zu sich selbst. Wir werden uns bis in die kleinste Einheit Ihres Körpers vorwagen und uns dort umsehen, um Ihr Glück zu finden und ihre Lebensfreude (wieder) zu aktivieren. Ich meine Ihre Zellen, Ihren wunderbaren, einzigartigen Bauplan des Lebens. Dort in dieser Lebensgrundlage finden Sie Ihre Talente, Ihre Persönlichkeit und sogar die Schablone für Ihr Glück (siehe Abschn. 8.2). Von diesem Ursprung Ihres Seins aus steuert sich Ihre Gesundheit. Durch Ernährung, Bewegung und mentale Stärke können Sie diese beeinflussen. Sie können den Bauplan Ihres Lebens erweitern und bereichern. Sie sind der Macher, wenn Sie die kleinen Kniffe kennen, mit denen Sie das sensible System perfektionieren.

Als sich damals vor rund drei Jahren mitten im Jubel von 57.000 Menschen eine leise, kaum hörbare Stimme in mir meldete, war ich noch nicht bereit, ihr Gehör zu schenken. Heute weiß ich: In dieser Stimme liegt die Wahrheit. Sie erst ermöglicht den Blick auf die Pureness, auf die reine Essenz im Leben. Seit dieser Einsicht habe ich meinem Coaching die Aspekte der Neurobiologie und der Zellforschung hinzugefügt. Ich habe Studien ausgewertet und mit Experten über das in den Zellen verankerte Glück gesprochen. Mein Ziel war es, ein Programm zu finden, mit dem wir die Ressource Glück aktivieren können. Die nämlich ist unerschöpflich. Sie hält ein ganzes Leben lang vor. Sobald Sie den Schlüssel in sich entdecken, sobald Sie an sich glauben, die Grundlagen der Gesundheit beherrschen, wird alles möglich. Lesen Sie das Buch aufmerksam, denken Sie darüber nach, machen Sie sich Notizen, stellen Sie wieder eine Nähe zu sich selbst her. *Sie* bestimmen das Tempo unserer gemeinsamen Reise in die noch nicht gänzlich erforschte menschliche Innenwelt. Wir werden uns zu den Bausteinen des Lebens begeben, um Ihr Glück hervorzulocken. Drei Faktoren werden wir auf dieser Reise anvisieren: Ernährung, Bewegung und die mentale Haltung. Suchen wir Ihr ganz persönliches Glück.

Fangen wir an.

Hosingen, Luxemburg Frühjahr 2021

Hinweis

Alle in diesem Buch verwendeten Namen sind frei gewählte Pseudonyme, die keinerlei Rückschlüsse auf reale Personen zulassen. Eventuelle Ähnlichkeiten sind rein zufällig.

Maik Göbbels

Inhaltsverzeichnis

Über den Autor

 **Maik Göbbels,** geboren 1976 in Belgien, ist ausgebildeter Personal Trainer, Ernährungsberater und Motivationscoach. Er ist in Deutschland, Belgien und Luxemburg tätig. Seine sportlichen Ausbildungen sind: diplomierter medizinischer Trainer Fitness (DFAV), diplomierter Personal Trainer (Deutsche Trainerakademie Köln) sowie A-Lizenz-Trainer Fußball (DFB).

Darüber hinaus absolvierte er Weiterbildungen im Bereich Yoga, funktionelles Coaching an der Deutschen Sporthochschule Köln und ließ sich an der Steinbeis-Hochschule Berlin zum Business-Coach ausbilden.

Neben seinem Engagement als Fußballspieler in verschiedenen Vereinen war er von 1995 an als

Fußball- und Athletic-Trainer tätig. Von 2012 bis 2013 leitete er die Fitness und Athletik Abteilung des NLZ von Alemannia Aachen. Von 2013 bis 2014 war er Cheftrainer des FF Norden 02 in der zweiten Liga in Luxembourg und betrieb bis 2018 die Personal-Trainer-Lounge Studio 4 in St. Vith/ Belgien.

Von Juli 2018 bis Juli 2019 war er Co-Trainer des Hamburger SV.

Zu seinen persönlichen sportlichen Highlights zählen der Marathon in Luxemburg, das Durchlaufen des Jakobsweges von 890 km in 19 Tagen und die Ersteigung der Zugspitze 2014 und 2021. Er leitete zudem 2009, 2016 und 2021 die Besteigung des Kilimandscharo mit Managern, deren Firma er als Coach berät.

2020 gründete er sein Unternehmen Zellglück in Luxemburg, um Manager, Projektverantwortliche und Teams in Unternehmen zu mehr Leistung, Erfolg, Gesundheit und Zufriedenheit zu begleiten.

www.zellglück.com

1

„Eigentlich müsste ich glücklich sein ...“

Wenn Sie sich manchmal fragen, wo Ihr Glück entspringt, liegt die Antwort nicht in der Gegenwart. Vielmehr finden Sie die Quelle Ihres Glücks in der Vergangenheit, am Anfang Ihres Lebens.

Es begann, als sich die Zellen Ihrer Eltern vereinten. Da verschmolzen sämtliche Informationen aus Zufriedenheit, Wohlgefühl und Hoffnung auf ein gesundes Leben. In diesem einen Moment begann Ihre Existenz – und setzte sich das Streben nach Glück in Ihrer DNA fest. Fortan teilten, sortierten, spezialisierten sich Ihre eigenen Zellen. Wirbelsäule, Herz und Gehirn, jeder Knochen, jedes Gewebe und Organ fügten sich zu einem wunderbaren Wesen zusammen und die Körpersysteme richteten sich nach diesem Bauplan. Damals entwickelten sich Ihre unverwechselbaren Merkmale, zum Beispiel Ihre Hände mit Fingern und Nägeln, mit unverkennbaren Linienführungen, mit Millionen Schweißdrüsen und dem unverzichtbaren Tastsinn. Das Glück, so sah es die Natur vor, sollten Sie mitnehmen. Es gehörte zu Ihnen wie Ihr Fingerprint. Sie dürfen es nutzen, sich darauf verlassen. Sie dürfen sicher sein, es gibt einen

© Zellglück GmbH 2022
M. Göbbels, *Lebensziel: Glücklich sein*,
https://doi.org/10.1007/978-3-658-36901-9_1

Plan in Ihnen, der Sie kraft Ihrer Fähigkeiten und Talente aufblühen lässt. Es sei denn, Sie vergessen diesen Plan, verdrängen ihn in die Tiefen des Unterbewussten. Dann würden Sie vielleicht Ihre Glücksspur verlassen, wären stets auf der Suche oder würden sich langsam erschöpfen, fortschreitend Ihre Lebensfreude verlieren. Sollten Sie dieses Gefühl verspüren, rate ich Ihnen: Gehen Sie in sich und geben Sie sich selbst wieder ein Muster, das Ihrem Charakter entspricht, mit anderen Worten: Richten Sie Ihre Zellenergie anhand Ihrer Zielschablone aus (siehe Abschn. 8.2). Niemand muss auf sein Glück verzichten, weil es gerade nicht gut läuft in der Partnerschaft, in der Karriere oder mit der Gesundheit. Sie können in jedem Moment entscheiden, Lästigkeiten, Grübeln und Stress in positive Energie zu verändern. Dafür arbeiten Ihre Zellen, sortieren sich in faszinierender Weise nach Ihren Anweisungen neu – sie passen sich Ihrem Leben an. Sie tun das mit all ihrer Komplexität, um Sie gesund und beweglich zu halten, um Sie glücklich zu machen.

Wenn Sie bedenken, dass in Ihnen viele Billionen dieser kleinen Wunder wirken, dann hoffe ich, Sie sind über diese Zahl erstaunt! Bedenken Sie: Auch wenn eine einzelne Zelle nur ein 40. Millimeter groß sein mag, würden sie aneinandergereiht zweieinhalb Millionen Kilometer ergeben [1]. Man könnte, so haben Forscher herausgefunden, damit die Erde 60 Mal umwickeln. Aber die beeindruckenden Zahlen sind kein Grund, sich ab sofort aufs Sofa zurückzuziehen oder sich weiter im Stress zu erschöpfen. Denn während Sie diese Zeilen lesen, sind bereits 50 Millionen der kleinen Wesen in Ihnen gestorben. Aber das ist kein Grund, sich zu ängstigen. Die Natur hat vorgesorgt, indem sie ständig neue Zellen bildet, sonst wäre das Leben auch sehr schnell vorbei. Sie brauchen die Balance aus Zelltod und Zellgeneration, um gesund zu sein. Und es ist von Vorteil, wenn Sie diesen Rhythmus bewusster durch Ihr Denken und Verhalten mitsteuern. Denn Sie können so Darm-, Herz- und Kreislauf-, Muskel- und Gelenkerkrankungen, sogar Demenz vorbeugen. Sie können aktiv die Gesundheitsstrecke in Ihrem Leben verlängern. Ob Sie viel zu früh, meist in der Mitte Ihres Lebens, lediglich im Überlebensmodus agieren oder ob Sie glücklich sind und wohlvergnügt voranschreiten, entscheiden Sie. Sie alleine sind der Regisseur Ihres Lebens.

Gehen wir davon aus, Sie wurden als gesunder Mensch geboren. Bereits in den ersten Jahren bewegten Sie sich in einer intakten Umwelt und durften ein förderliches Erziehungsklima genießen. Dann steht Ihrem Glück eigentlich nichts mehr im Wege. Eigentlich. Es sei denn, Sie geraten irgendwann in einen Strudel aus Kritik, Grübeln und Stress. Es sei denn, Sie verfolgen fremde Ziele und vergessen, wer Sie früher einmal waren mit all Ihren Sehnsüchten, Zielen und Träumen. Meist kommen Menschen in kleinen Schritten von ihrem Weg ab, weil

- sich anzupassen bequemer scheint,
- andere etwas Bestimmtes verlangen oder
- ihnen der Sinn für die eigene Essenz von Glück abhandenkommt.

Und mit den Jahren vergrößert sich der Abstand zum ursprünglichen Weg, zum eigenen Ziel, zum eigenen Glück. Längst bestimmen Profit und Erfolg das Streben. Mehr vom Gleichen ist dann das Motto. Mehr Anerkennung, mehr Lob, mehr Geld, mehr Karriere – mehr Stress ist die Folge. Das alles hat Konsequenzen bis in die kleinste Einheit Ihres Körpers. Denn mit dem Agieren im Außen verändern sich auch die Zellstrukturen. Sie sortieren sich nach den Lebensumständen neu, indem sie auf alles, was Ihnen wichtig ist, sehr flexibel reagieren. Allerdings ist der Preis hoch: Durch das Handeln nach fremden Mustern und durch das Gefangensein in dauerhaftem Stress können Ihre Zellen massiv geschädigt werden. Zunächst flacht der Energiefluss ab, die Fähigkeit der Selbstregulation und -reparatur lässt nach. Dann werden Gifte nicht mehr zeitnah abtransportiert, schlimmstenfalls mutieren Zellen oder sterben einen zu frühen Tod.

Jede Krankheit hat ihren Ursprung in der Zelle. Damit ist auch jede Krankheit ein Angriff auf Ihr Glück. Die Weltgesundheitsorganisation übrigens definiert Glück richtigerweise als Wohlgefühl in der eigenen Haut. Sie meint damit das körperliche, seelische und soziale Behagen. Ich folge dieser Definition, denn nur in einem solchen Dreiklang kann Ihr Zellglück sich vermehren. Die Crux ist nur, es wird uns verdammt schwer gemacht, diesen schönen Anfangszustand zu erhalten.

1.1 Alles erreicht und doch nicht zufrieden

Auf unserem Lebensweg befinden sich Hunderte von Hindernissen. Über einige stolpern wir, andere meistern wir. Mitunter verzweifeln wir, weil wir uns nicht erklären können, wie wir wurden, wer wir heute sind. Bei ehrlicher Betrachtung nämlich haben wir die innere Zufriedenheit verloren. Wie konnte das passieren?

Meist geschieht der Verlust der Zufriedenheit auf mitten im Leben: Viel erreicht. Familie gesund. Haus gebaut. Karriere gelungen. Eigentlich sollten sich diese Faktoren zu einem Wohlgefühl fügen. Tun sie aber oft nicht, im Gegenteil. In diese objektiv positive Bilanz schleicht sich die subjektive Angst, etwas versäumt zu haben, vielleicht sogar irgendwo falsch abgebogen zu sein. Oberflächlich ist Erfolg sichtbar, aber in Ihnen macht sich eine diffuse Frage breit: Soll das alles gewesen sein im Leben?

Meist schmerzt die Antwort. Denn sie offenbart, dass Geld und Erfolg kein Garant für Glück sind. Sie zeigt auch, dass Ihre äußeren Ziele mit den inneren Träumen nicht deckungsgleich sind. Wenn Sie derart empfinden, dürfen Sie sich in großer Gesellschaft fühlen. Nahezu täglich erfahre ich, dass gestandene Unternehmer, Managerinnen, Freiberufler, Familienväter vor mir stehen und sagen: *Eigentlich müsste ich glücklich sein*. Dieser Satz löst in mir ein Alarmzeichen aus. Er deutet darauf hin, dass die Person vor mir nicht aus ihrem vollen Potenzial schöpft. Sie bleibt unter ihren angeborenen und entwickelten Möglichkeiten – und das hat Auswirkungen auf ihr Denken und Verhalten, das beeinflusst die gesamten Körpersysteme bis hinein in die einzelne Zelle.

Die falsche Weichenstellung auf Ihrem Lebensweg ereignet sich schleichend. Manchmal beginnt sie schon in Kindertagen und führt mit jedem Jahr ein Stück weiter von der inneren Mitte fort. Das ist gefährlich, denn auch nur einige wenige Grad Abweichung summieren sich mit den Jahren zu einer beachtlichen Entfernung vom zentralen Potenzial. Sie steuern dann nicht punktgenau auf Ihre Bestimmung zu, sondern kämpfen mit Kompromissen ein, wollen anderen gefallen. Sie verhalten sich nach letztlich falschen Glaubenssätzen, die Ihnen früh, sehr früh vorgeleiert und eingetrichtert wurden. Das alles, das Handeln nach fremden Mustern und das Festhalten an hinderlichen Sätzen, umwickelt Ihre Seele, bis sie nicht mehr frei atmen kann. Das hat Folgen für Ihre Gesundheit. Oft werden diese mit Tabletten symptomatisch weggedrückt – an der eigentlichen Schräglage von Seele und Körper aber ändert das nichts.

Wenn Sie einmal zurückdenken, weit zurück bis in Ihre Kindheit, gelangen Sie vielleicht an einen Punkt, an dem Ihr Leben noch frei und lustig war. Bis zu einem Alter von

sechs Jahren nämlich waren Sie vermutlich glücklich und
voller Lebensfreude. Ihre Bedürfnisse nach Essen, Trinken,
Liebe und Freundschaft wurden erfüllt, und darüber hinaus
interessierte Sie höchstens die Aufstellung im nächsten
Kinderfußballspiel und auch der Jubel des Vaters an der
Bande, wenn Ihnen der Ball vor die Füße rollte und Sie be-
herzt dagegentraten. Kinder in diesem Alter scheren sich
wenig um die Karriere der Eltern, das Ansehen der Familie
im Bekanntenkreis. Ihnen ist die Größe von Vaters Dienst-
wagen egal. Und ob die Bilder an den Wänden des Wohn-
zimmers teure Kunst sind oder ob nur eingerahmte Poster
ist ihnen schlichtweg schnuppe. Sie sind glücklich und frei,
wenn sie sich bewegen und lachen dürfen, wenn sie ge-
tröstet und geliebt werden. Und dann kommt der Bruch.
Die Schule beginnt. Für einen netten Satz des Lehrers unter
den Hausaufgaben, für ein wenig Stolz der Eltern sind Kinder bereit, folgenschwere Kompromisse einzugehen: Sie
strengen sich an, um zu erfüllen, was andere erwarten. Als
kleines Kind sind Ihnen Sätze wie

- „Du musst viel leisten, um erfolgreich zu sein",
- „Du musst tun, was andere von dir erwarten, um be-
  liebt zu sein",
- „Du musst kämpfen, um oben zu bleiben",
- „Kannst du was, dann wirst du/was-bist du was!"

in die Zellen gegangen. Das hat Ihr Glück belastet. Aber als
kleines Kind haben Sie über keine Abwehrstrategie verfügt.
Sie haben inhaliert, was Eltern und Lehrer sagten. Sie sind
unter Druck geraten. Irgendwann haben sie sich mit Mit-
schülern verglichen, haben sich gefragt: Was hat der, was
ich nicht habe? Warum wird der gelobt und nicht ich? Vergleichen aber, das konnten Sie damals nicht wissen, ist der
Tod des Glücks. Sie haben sich also vermutlich früh nach

den Wünschen anderer gerichtet und damit einen falschen roten Faden gelegt. Der knüpft sich nämlich bis heute weiter, wenn andere lächeln und Ihnen auf die Schulter klopfen.

> Der Vergleich ist der Tod des Glücks.

Nun sind Menschen als soziale Wesen genetisch darauf angewiesen, Anerkennung zu erfahren, sich anderen zugehörig zu fühlen. Aber ist der Preis nicht oftmals zu hoch? Ich finde ja! Sobald wir unsere eigenen Ziele vergessen, sobald wir uns auf fremde Wege zerren lassen, sollten wir innehalten und uns fragen: Ist es wirklich, wirklich das, was ich will? Gehe ich auf mein eigenes Glück zu oder auf das der anderen?

> **STOPP**
> Wir sind darauf konditioniert, unser Glück im Außen zu suchen, und wenn es dort nicht stattfindet, zucken wir mit den Schultern und sagen: „Ich habe halt Pech, das war schon immer so. Glück liegt mir nicht in den Genen." STOPP. So sollten Sie nicht denken, schon gar nicht reden. Denn damit bedienen Sie die hinderlichen Glaubenssätze und entfernen Sie sich mit jedem Gedanken weiter von Ihrem Potenzial. Besser ist es: Sie forschen einmal nach: Wo sind die vergessenen Talente, die Freuden, wo ist das kleine, freie, freudige, auf Bewegung und Liebe ausgerichtete Kind?

Ich wünsche mir, dass Sie sich diese Frage genau hier stellen: SIND SIE GLÜCKLICH?

Wenn Sie zögern, sind Sie es nicht. Wenn Sie es spontan verneinen, sind Sie gar auf dem Weg, Ihre Zellen zu schädigen.

1.2 Bewusstsein, Wahrnehmung, Verhalten

Nach Angaben diverser Studien von Zukunftsforschern, Gesundheitskassen oder medizinischen Institutionen ist jeder vierte Mensch in Deutschland gefährdet, an einer Depression zu erkranken. Diese Menschen haben sich oft bis in ihre mittleren Jahre über alle Maßen für fremde Ziele eingesetzt – und sind am Ende daran erschöpft. Es wird Zeit, einmal die Rückkehr zu wagen, die Rückkehr zu sich selbst. Denn nur dort, in Ihrer Mitte, finden Sie Ruhe. Nur dort begegnen Sie wieder sich selbst. Lassen Sie den Zweifel zu. Nehmen Sie Ängste und Unwohlsein an. Akzeptieren Sie, dass Sie Ihr Wohlgefühl verloren haben.

Dieser Rückzug wird oftmals mit einer Sinnkrise gleichgesetzt. Gemeinhin wird er als Midlife-Crisis bezeichnet. Für mich klingt dieser Ausdruck mit Blick auf die steigende Zahl der unzufriedenen Menschen wie ein Euphemismus – ein beschönigendes Wort für einen ernsthaften Zustand.

Bis Sie zu der Einsicht kommen, dass etwas in Ihrem Leben in eine Schräglage gerutscht ist, hat es vermutlich viele kleine Hinweise gegeben. Meist beginnt eine Krise mit dem diffusen Gefühl der Unzufriedenheit. Die aber wollen Sie sich nicht erlauben. Denn immerhin stehen Sie gut in der Karriere da. Sie können reisen, sich Wünsche erfüllen. Sie sind finanziell abgesichert. Sie mögen sogar erfolgsverwöhnt sein und sich undankbar wähnen ob Ihrer Unzufriedenheit. Und doch ploppt es immer wieder in Ihnen hoch: Ich müsste eigentlich glücklich sein, aber ich fühle dieses Glück nicht.

Das ist der bedeutsame Hinweis darauf, dass Ihre Zellen nicht mehr auf Hochtouren arbeiten. Nehmen Sie diesen Hinweis als Chance, jetzt aufzustehen und etwas dafür zu unternehmen, dass Ihre Zukunft gut wird. Ich habe diesen

Satz damals gespürt, als ich im Volksparkstadion auf der Trainerbank saß, mitten im Jubel von 57.000 Menschen. Wie gerne hätte ich mich zu einhundert Prozent von dieser Macht im Außen tragen lassen. Wie gerne hätte ich das Glück in den Zellen gespürt, hätte gehört, dass all die 100 Billionen Zellen in diesen Jubel einstimmten. Sie taten es nicht. Und genau diese Diskrepanz zwischen äußeren und inneren Ansprüchen hat das Startsignal gesetzt, über mein Leben nachzudenken, zu verändern, was nicht stimmig ist. Das übrigens geschieht nicht über Nacht. Sie brauchen Zeit, Achtsamkeit; Sie brauchen den Willen, sich selbst zu beobachten und die Entschlusskraft in sich wachsen zu lassen.

Gehen Sie dabei großzügig und verzeihend mit sich selbst um. Zunächst dürfen Sie stolz auf sich sein. Sie haben vermutlich so manches Hindernis überwunden auf Ihrem Lebensweg, haben Abwehrkräfte mobilisiert und Techniken entwickelt, um weiterzumachen. Das ist Ihnen gelungen, sonst könnten Sie nicht auf Erreichtes blicken. Aber nun ist es an der Zeit, die Richtung zu korrigieren, den Zellen wieder zu ermöglichen, die ihnen zugedachten Ordnung einzunehmen. Dann, das verspreche ich Ihnen, finden Sie zurück zu dem Glück, dass Sie seit der Geburt in sich tragen. Die Reise im Außen haben Sie also bislang gut bewältigt – und mit der Reise in Ihr Inneres wird sich Ihr Wohlgefühl wieder einstellen. Versprochen. Sie bringt Sie in Ihr bewusstes Sein, näher an den Bauplan in Ihrer DNA, näher an Ihren Kern, zu Ihrem Herzen.

Zwei Fragen sollten Sie sich immer wieder stellen:

• Wer bin ich wirklich, tief in meiner Seele?
• Was will ich wirklich im Leben erreichen?

Die Antworten führen Sie hin zu sich selbst. Denn eine Bewusstseinsänderung erzeugt eine Wahrnehmungsänderung und damit eine Verhaltensänderung. Sie entscheiden, ob Sie sich in Ihrem Umfeld wohlfühlen, ob Ihre Kultur einen positiven Stimulus setzt, ob Sie Ihre angeborenen Instinkte wieder trainieren und nutzen, ob Ihre Zellen voller Energie wirken, weil Sie nicht in negativem Bewusstsein verharren, sondern Ihrem Stress eine positive Konnotation geben.

1.3   Stress ist positiv – in richtiger Dosierung

Stress ist nicht per se schlecht, im Gegenteil. Ihre Zellen brauchen ihn als Antrieb und Ihr Gehirn, um neue Verschaltungen zu knüpfen. Ohne Stress würde die Natur nicht funktionieren, wäre keine Veränderung, keine Weiterentwicklung möglich. Die Crux ist nur: Wir nehmen Stress zu häufig als negativ wahr und gehen in eine Schutzhaltung. Wir vernachlässigen es, dem Körper in Stressphasen Bewegung und gesunde Nahrung und dem Gehirn mentale Stärke zu geben. Wir werden unter Stress zu Jammerern statt zu Gestaltern. Wir sollten stattdessen aber rufen: Hey, her mit dem Stress, der bringt mich weiter! Der schärft meinen Plan vom gelingenden Leben, und vor allem bringt er mich aus der Komfortzone raus. Das aber ist uns fremd. Stress, so lernen wir in den Medien täglich, macht uns schwach, traurig, depressiv. Dabei kommt es wie auch in der Medizin auf die Dosis an und damit auf die Entscheidung, wie viel ich mir zumute und wann ich bewusst diesen Stress stoppe, um nicht fragil zu werden. Generell liegt also in der subjektiven Wahrnehmung der Schlüssel zum Umgang mit dem Stress: Geben Sie dem Stress eine negative Bewertung, verkleinern Sie Ihren Aktionsradius evolutionsbedingt auf Flucht, Angriff oder Totstellen. Geben Sie ihm eine positive Bewertung und halten Sie die Dosierung in einem fördernden Rahmen, dann gehen Sie in den Wachstumsprozess. Dann aktivieren Sie Ihre Zellen, energiereich zu arbeiten. Sie werden kreativ und fühlen sich wohl. Zugegeben, dieser Ansatz setzt ein Umdenken voraus, und er ist nicht der bequemste Weg. Aber Wachstum bedeutet, Routinen zu durchbrechen. Dann kann sogar eine ungeahnte Lust auf Abenteuer entstehen.

1.4   Das Beispiel Dieter oder: Reise langsam zu dir selbst!

Routinen können effizient sein, denn sie schonen unsere Energiereserven. Sie können aber auch, und das ist oft der Fall, unsere Wahrnehmung vernebeln. Dann sehen wir die Herausforderungen auf unserem Lebensweg nicht mehr, haben uns eingerichtet in einer chronischen Unzufriedenheit. Ich bin müde, antriebslos, zu dick, zu bequem, ich fühle mich zu unwohl, um etwas zu verändern. So und ähnlich lautet dann die Bilanz. Ich finde, das Leben ist zu kurz, um darin zu verharren. Sie sind geboren worden, um glücklich zu sein, um zu leben und Freude im Leben zu haben, denn überleben können Sie das Leben eh nicht!

Das sagte ich auch Dieter Berger, einem Unternehmer der Extraklasse. Er hatte mit seiner Autoteile-Zulieferfirma alles erreicht, was ihm wichtig war: Finanzielle Sicherheit, steigender Umsatz, 100 Angestellte und nach eigenen Worten könnte er 100 Weitere beschäftigen. Aber er wollte nicht expandieren, denn er merkte, dass seine Gesundheit in den vergangenen Jahren gelitten hatte. Er beschwerte sich über Knieschmerzen, Rückenschmerzen, über eine reizbare Stimmung, die er an sich bislang nicht kannte. Es waren zwar keine besorgniserregenden Diagnosen, sondern eher kleinere Wehwehchen, doch in der Summe litt er darunter und mir wurde bereits im ersten Gespräch klar, dass Dieter seine innere Achse auf dem Weg zum Erfolg verlassen hatte. Auch konnte er mir kein neues Ziel nennen. Er zuckte mit den Schultern und sagte: „Keine Ahnung. Ich habe doch alles. Nur die Gesundheit läuft nicht rund."

Dieter steckte in seiner Komfortzone fest. Da gab es nichts mehr, wofür er brannte. Hier wurde Erfolg zur Routine. Und genau das ist der Punkt des Unwohlseins: Zu wenig Stress hält Menschen unter ihrem naturgegebenen Leistungslevel. Nur sah Dieter keinen Grund, seine Situation zu ändern. Weder empfand er einen Sog noch einen Druck. Es gab kein Leiden. Hätte er um seine Existenz kämpfen müssen, wäre er vermutlich aufgesprungen, um seine Welt aus den Angeln zu heben, um das Erreichte zu verteidigen. Wäre er von Konkurrenten herausgefordert worden, hätte er kreative Ideen gefunden, um sich durchzusetzen. Es scheint ein Gesetz des Lebens zu sein, Dinge erst zu ändern, wenn sie wirklich schmerzen. Jedenfalls sah Dieter traurig aus, sehnte sich nach dem einstigen Wohlgefühl und ich bot ihm an, ein Ziel zu finden, das ihn – wieder – lebendig werden ließ. Wir fanden es! Jenseits seines Unternehmens, seiner Familie, jenseits seiner Komfortzone. Dieter sollte sich meiner Seminarreise auf den Kilimandscharo anschließen. Die würde ihn nicht nur durch beeindruckende Naturkulissen führen, ihm nicht nur das erhebende Gefühl verleihen, tatsächlich auf dem Uhuru Peak (dem höchsten Punkt in Afrika) zu stehen, sondern diese Reise würde seine Seele berühren und so das Muster seiner Zellen verändern.

Nun bedeutet ein Entschluss noch keine Leistung, aber am Anfang einer Veränderung steht immer das Wort, dieses Wort des Entschlusses kann den Ehrgeiz wecken und ist immer ein erster Schritt in eine andere Richtung. Dieter begann, sich körperlich und mental auf die Bergbesteigung vorzubereiten. Sechs Monate arbeitete er an seiner Kondition. Ebenso versuchte er in der Meditation tief und gleichmäßig zu atmen, seine Zellen mit Sauerstoff zu versorgen. Das alles fiel ihm plötzlich leicht, denn er hatte ein Motiv. Mit jeder Woche wollte er mehr denn je auf dieses drei Millionen alte Bergmassiv in Afrika, und kurz vor der Abreise empfand er eine tiefe Liebe für dieses Abenteuer. Viereinhalb Tage bergauf, anderthalb Tage wieder hinunter, das tickerte in seinen Gedanken.

Ich wählte für unsere Kilimandscharo-Besteigung die Marangu-Route in Tansania. Sie wird als Coca-Cola-Route belächelt, zu Unrecht. Kein Weg auf diesen Berg ist ungefährlich. Jede der Strecken ist herausfordernd und bringt die Menschen bis an die Grenzen ihrer physischen und mentalen Kraft. Unter diesem Stress wachsen viele über sich hinaus, einige wenige kehren um. Alles ist richtig, alles ist gut. Möchten Sie wissen, wie Sie unter diesem Stress reagieren würden?

Schließen Sie jetzt Ihre Augen. Zoomen Sie sich den weiten, schier unendlich anmutenden Himmel Afrikas heran. Mitten hinein erhebt sich dieser Berg, dessen Gipfel Sie erklimmen wollen. 69 Kilometer Dschungel, vielfältigste Vegetation geht über in Felsen und eine endlos scheinende Steinwüste. Es gilt, 5896 Meter hochzusteigen bei abnehmendem Sauerstoff, unberechenbarer Witterung. Kein Smartphone, kein E-Mail-Check, keine Verbindung zu Ihrem bisherigen Leben. Sie sind auf sich selbst und auf Ihre Geduld gestellt. Die brauchen Sie so dringend wie klares Wasser, um durchzuhalten, um oben anzukommen. Wer zu schnell vorwärts will, dem schwinden die Sinne. Das Gehirn kann sich ab einer Höhe von 3800 Metern nur langsam auf den Sauerstoffmangel einstellen. Der Körper braucht Zeit, um mehr rote Blutkörperchen zu produzieren. So wagen Sie sich ein wenig weiter auf 4100 Meter, schleppend langsam ist Ihr Gang, um dann wieder zurückzukehren auf 3800 Meter. Dort verweilen Sie in der Hütte, fühlen Leere in sich. Der fehlende Sauerstoff belastet Ihren Körper und wirkt auch auf das Gemüt.

Die Reise zum Gipfel ist kein Sprint, sondern eingeteilt in bedächtige Etappen. Sie wissen, dass nun der Anstieg, die letzte Etappe vor Ihnen liegt. Viel geschafft bis hierhin. Nicht aufgeben, jetzt nicht mehr schlappmachen. Es ist Ihr Tag, sagen Sie sich, dafür haben Sie trainiert, darauf haben Sie ein ganzes halbes Jahr hingearbeitet. Es ist auch der Tag, an dem einige Ihrer Reisefreunde aufgeben und umkehren. Ihr Kopf schmerzt, jeder Schritt wird zur Qual. Die Umgebung bietet keine Abwechslung mehr, Steine in einer Wüste, soweit das Auge reicht. Monotonie für Ihre Seele. Und doch kommen Sie zur Ruhe, wenn Sie dranbleiben, durchhalten, einfach immer weitergehen, Schritt für Schritt den Schmerz ertragen. Sie richten sich auf einen Sturm, auf Kälte ein. Alles ist möglich in der Witterung, kaum etwas vorhersagbar. Die äußere Unsicherheit erschüttert Ihre Selbstwahrnehmung. Da gibt es keinen Anker zum Festhalten, nur den Wunsch, die letzte Etappe zu überstehen. Sie denken an Ihr Motiv, den Gipfel zu erreichen, an die Liebe zum Abenteuer und den Drang, Ihre inneren Grenzen zu verschieben. Aber viel verführerischer klingt es in Ihnen: Gib auf! Es reicht. Du musst dir nichts beweisen.

Ihre Kleidung ist nass, der Wind dringt bis in die Knochen. Sie sehnen sich nach einem Schlafsack, nach einem kleinen warmen, trockenen Fleckchen, nach einem Dach über dem Kopf. Stattdessen bewegen Sie sich durch die Dunkelheit, die inzwischen hereingebrochen ist, durch eine Kälte von -15 °C. Nur die Stirnlampe wirft einen fahlen Schein für den nächsten Schritt voraus. Sie könnten, so

denken Sie, jetzt auf den Malediven in der Hängematte lie-
gen, das wäre sogar preiswerter gewesen. Warum tun Sie
sich diese Strapazen an? Aber plötzlich stellt sich innere
Ruhe ein. Ihr Ego brüllt nicht mehr. Sie geben sich Ihrem
Tempo hin, folgen dem Guide ohne inneres Murren. Der
Kämpfer in Ihnen hat gesiegt. Sie werden sich durchbeißen,
nicht aufgeben, auf gar keinen Fall. Und plötzlich wird Ihr
Gang wieder leichter. Sie sehen den Vollmond am Himmel
und weit hinten in der Ferne geht die Sonne auf. In Ihrem
Rücken tönt das Kommando eines Guides auf Suaheli:
„Pole, pole!" Langsam, langsam.

Ja bitte, gehen Sie langsam, nehmen Sie Ihre Seele mit.

Auf dem Gipfel angekommen, weinen Sie. Es sind Tränen aus Schmerz, Erleichterung und Stolz. Es ist der Sieg
über Ihr Ego – und die Begegnung mit Ihrer Essenz
von Glück.

Der Rückweg wird leichter sein, denn Sie nehmen dieses
gute Gefühl mit: Sie haben geschafft, was Sie zum Ziel er-
klärten. Nun sind Sie bereit, die leise Stimme Ihrer Seele
anzuhören, zu erfahren, was Sie im Leben nicht mehr
möchten. Und wenn Sie nun wirklich hinhören, zuhören,
werden sich mentale Knoten lösen und Sie kommen wieder
in eine Verbindung mit sich selbst.

Sie müssen nicht nach Afrika reisen, um sich selbst zu
finden. An jedem Tag können Sie Routinen durchbrechen,
positive Stressoren setzen. Sie können auf gesunde Ernährung, ausreichenden Schlaf achten und 10.000 Schritte
am Tag gehen. Immer ist es möglich, sich mit Ihren guten
Emotionen zu verbinden, Ihren Zellen durch Atem und Ernährung Energie zu schenken. Sie können den Staub von
Ihrer Seele pusten und sich sagen: Her mit dem Leben, wie
ich es will. Warum tun Sie es nicht? Ich biete Ihnen zwei
Antworten an, vielleicht fällt Ihnen eine dritte ein.

1. Sie suchen Ihr Glück in äußeren Dingen.
2. Sie bewerten Dinge, die geschehen, in einer kritischen, pechlastigen Haltung.

Beides verhindert Ihr Zellglück!

1.5   Es gibt keine Abkürzung

Der Weg zum Glück führt durch die Steinwüste. Da müssen Sie durch. Wenn Sie mich fragen, warum einige der der Kilimandscharo-Besteiger vor dem Gipfel aufgeben, liegt es m. E. daran, dass sie diese Anstrengung meiden. Diese Metapher möchte ich Ihnen für Ihren Alltag mitgeben: Ein Ziel zu erreichen bedeutet Anstrengung und Fitness und vor allem das Bewusstsein, dass genau dieses Ziel in Ihr Leben passt. Dass Sie unter allen Umständen dranbleiben wollen, weil Sie hinter dem Ziel Ihr Glück vermuten. Leider schwächeln viele auf der halben Strecke. Sie jammern wegen der Schmerzen oder über der Schwere des Lebensgepäcks. Sie wollen den Stress vermeiden.

Natürlich haben auch Sie ein schweres Gepäck. Jeder schiebt eine Schubkarre voller Lasten. Die bestehen aus Problemen, Krisen, Schicksalsschlägen. Aber ebenso aus Ihren Erfolgen, Fähigkeiten, Talenten. Und manchmal kann es sein, dass die negativen Ereignisse tatsächlich eine Zeit lang überwiegen. Sie entscheiden, ob Sie all Ihre Aufmerksamkeit darauf lenken oder ob Sie sich sagen: Im Moment fällt mir der Weg schwer. Aber das wird sich ändern, wenn ich das wirklich will. Mit dieser Haltung atmen Sie bewusster, tiefer, lenken Ihr Leben selbst.

Dieter hatte das verstanden. Auf dem Weg zum afrikanischen Berggipfel nahm er sich vor, nie wieder seine Fitness für den Unternehmenserfolg zu opfern. Bis heute, einige Jahre später, erzählt er von dieser Erkenntnis in fast 6000 Metern Höhe. Sein Resümee lautet, kein äußerer Erfolg könne je das innere Glück überflügeln.

Literatur

1. Schürer J (2003) Wie viele Zellen hat der Mensch? In: Spektrum der Wissenschaft – Spektrum.de. https://www.spektrum.de/frage/wie-viele-zellen-hat-der-mensch/620672. Zugegriffen am 11.02.2022

2

Der Weg aus erstickenden Routinen

Kaum etwas scheint schwieriger, als Routinen aufzubrechen. Diese gewohnten Muster wurden oft jahrzehntelang bedient und automatisiert. Sie haben sich festgesetzt im Denken, senden die immer gleichen Impulse aus. Alles linear, Höhen und Tiefen unerwünscht. Routinen halten uns in einem energiereduzierten Status. Sie verhindern Stress, Herausforderung und Wachstum sowieso. Sie halten uns im Trott und damit üben sie sogar Einfluss auf die Ordnung der Zellen aus. Ich will nicht behaupten, dass Routinen per se schlecht sind. Im Gegenteil. Sie können uns Sicherheit und Ruhe vermitteln. Nur zu viel vom Gleichen ist schädlich. Auch Routinen unterliegen dem alten Satz von Paracelsus aus der Mitte des 16. Jahrhunderts: Er lautet frei übersetzt: Allein die Dosis macht das Gift.

Ergänzende Information Die elektronische Version dieses Kapitels enthält Zusatzmaterial, auf das über folgenden Link zugegriffen werden kann [https://doi.org/10.1007/978-3-658-36901-9_2]. Die Videos lassen sich durch Anklicken des DOI Links in der Legende einer entsprechenden Abbildung abspielen, oder indem Sie diesen Link mit der SN More Media App scannen.

Gewohnheiten scheinen zu uns zu gehören wie das Muttermal am Körper. Es ist da, bleibt da, stört nicht. Keine Aufmerksamkeit darauf verwenden. Warum sich um etwas sorgen, das nicht schmerzt? So kann es sein, dass Sie durch Ihre Tage gleiten, dass Sie Ihre Stunden lediglich mit dicht gesetzten Angewohnheiten verbringen und kaum Luft lassen für ein Staunen, für Überraschendes, für Kreativität: Sie stehen auf, wenn der Wecker klingelt. Sie berühren mit dem immer gleichen Fuß zuerst den Boden. Sie gehen ins Bad, putzen sich die Zähne, duschen, kämmen sich die Haare mit dem alten, fast zackenlosen Kamm. Was folgt, ist das Einschalten der Kaffeemaschine, das Wahrnehmen des zischenden und dann tröpfelnden Geräusches. Ihre Sinne sind auf diese Wiederholungen trainiert. Bitte keine Veränderung, Sie wollen genau jetzt den Duft, den Geschmack, und mit einem Blick auf die Uhr, immer um 7:30 Uhr, folgt der Gedanke: Zeit, das Haus zu verlassen. Sie drücken Ihrer Frau einen Kuss auf die rechte Wange, verlassen das Haus. Sie kennen die Straßen, die Kreuzungen, die Häuserreihen, wissen, wann die Ampel auf Rot springt, wann es sich lohnt, Gas zu geben, um die Grünphase zu erwischen. Und während der Fahrt ins Büro denken Sie, wie jeden Morgen, was heute Wichtiges und Dringendes, gar Außergewöhnliches auf dem Plan steht. Nichts. Alles bekannt, alles wie immer.

Bis zu diesem Zeitpunkt haben Sie wenig Energie verbraucht – und genau das ist der Vorteil der Gewohnheit: Sie brauchen sich nicht anzustrengen, strapazieren Ihre Ressourcen nicht. Sie agieren im Spargang, können Ihre Aufmerksamkeit auf Wichtigeres konzentrieren. Feste Muster, die keinerlei Nachdenken und keinerlei Entscheidungen von uns verlangen, zapfen Ihre Kapazitäten aus Wissen und Emotionen nicht an. Aber Achtung: Wenn die Routinen überhandnehmen und zum Selbstzweck werden, trainieren

Sie nie mehr die Neugierde, die Wissbegierde. In der Folge werden Sie bequem und irgendwann stecken Sie bis zum Hals in der Komfortzone fest. Langeweile schleicht sich ein und dahinter das schale Gefühl, es könnte eigentlich mehr los sein in Ihrem Leben. Es fehlt Ihnen etwas zum Glück.

Wie aber funktioniert das Aufbrechen von fest gefügter Routine? Meist geschieht dies, so meine Erfahrung, durch die Beschäftigung mit wirklich wichtigen, wesentlichen Aufgaben wie dem Arbeiten an Wünschen und Zielen. Das Sich-Hineinfallenlassen in den Moment des Tuns, des Seins, das Ausschalten aller Bedenken, Einflüsse und Störungen. Es ist die Hingabe an das, was Sie wirklich, wirklich lieben. Solche Aufgaben können nie Routine sein; sie sind ein Stück von Ihrem Potenzial und daher gefüllt mit Anregung, Aufregung, Sauerstoff. Es sind Aufgaben, angetrieben durch Ihre Energie.

Nun haben wir kein unerschöpfliches Reservoir an Energie zur Verfügung und würden wir jeder Aufgabe diese Intensität an Konzentration schenken, wären wir zu schnell erschöpft. Denn bei aller Liebe zu den Aufgaben kann niemand ständig auf Hochtouren laufen. Wir brauchen den Wechsel von Anspannung und Entspannung und ebenso von Routine und Herausforderung. Leider erfahre ich zunehmend, dass Menschen eine Disbalance pflegen. Sie vergessen, die Highlights zwischen Routinen zu setzen. Oder sie hetzen von einem Projekt zum anderen – und brennen irgendwann aus. Unterforderung und Überforderung – beides sind ungesunde Extreme. Aber bleiben wir bei den festgezurrten Gewohnheiten, die zur Automatisierung des Alltags führen. Haben Sie sich einmal gefragt, wie Sie Ihren Tag umgestalten können, sodass anregende Abwechslung geschehen kann? Nehmen Sie sich bewusst Zeit für genussvolle, gesunde Ernährung, für Bewegung, für kreative Gedanken und Aufgaben in hoher Konzentration? Wer sich diese Fragen nicht stellt, stattdessen mit den Schultern zuckt und denkt, er halte besser an alten Mustern, an Bewährtem fest, dem sei gesagt: Zu viel Routine hat negative Auswirkungen bis in die Zellen.

Beispiel Marion

Als Marion zu mir kam, sprach sie leise: „Ich fühle mich ab mittags schlapp. Ich sollte anfangen, Sport zu machen", so war ihre Ansage. Ich erblickte eine Frau von fünfzig Jahren mit fahler Gesichtshaut. Ihre Muskeln waren in der Tat unterentwickelt und ihre Körperhaltung verriet, dass sie mit sich selbst nicht zufrieden war. „Wenn ich mich nur aufrappeln könnte, walken oder joggen könnte, würde es mir besser gehen", fügte sie an, als ich schwieg und sie betrachtete. „Sport ist nicht die alles umfassende Lösung", sagte ich. „Sport ist nur ein Teil im Gesamtkonzept." Ich fragte, was generell nicht rund laufe in ihrem Leben, und sie antwortete: „Alles."

Seit ihre Jungs aus dem Haus seien, gebe es keine Aufgaben mehr. Sie schlage sich mehr schlecht als recht die Zeit um die Ohren. Morgens Frühstück machen, aufräumen, Magazine lesen auf dem Sofa. Mittags Essen vorbereiten, dann das Fernsehprogramm am Nachmittag. Abends Essen mit ihrem Mann, aber der sei schweigsam, müde, so telefoniere sie mit ihrer Mutter, um dann schlafen zu gehen. „Seit zwei Jahren geht das so", beendete sie die Liste der Langeweile. Keine Highlights. Keine Aufregung. Keine Reisen. Keine Träume. Nichts. Nicht den kleinsten schönsten Stress. Ich riet ihr, an der Energie zu arbeiten, mit der kleinsten und doch unendlich bedeutsamen Übung zu beginnen, dem Atmen. Denn Marion, das fiel mir auf, atmete flach, hob nur die Brust und nicht den Bauch.

2.1 Energie und Laune verantwortlich steuern

Der Atem ist die Grundlage für unser Leben. Mit dem ersten Atemzug beginnt es und endet mit dem letzten. Und wir sollten mehr Achtsamkeit auf dieses kleine Energiewunder richten. Atem ist, um es ganz konkret zu benennen, die Grundlage für alles, was wir sind.

Ein einziger tiefer Atemzug dauert nicht länger als drei Sekunden, und nach den Erkenntnissen der Neurobiologie ist das die Zeitspanne, die wir gemeinhin mit Gegenwart bezeichnen. Drei Sekunden, einmal atmen, und schon ist eine Gegenwart vorbei und die nächste beginnt. Wenn Sie dieser Gegenwart nicht genügend Energie, Sauerstoff, Antriebskraft schenken, wenn Sie nicht 18 Mal in der Minute ein- und ausatmen bis in die unteren Lungenflügel und das Zwerchfell hinein, wenn Sie würden stattdessen flach und oberflächlich, hektisch oder nachlässig atmen – dann schaden Sie auf Dauer Ihren Zellen. Sie verlieren Ihre Konzentration und auch Ihre gute Laune. Sie sacken in sich zusammen wie ein vertrocknender Baum.

Mit jedem Atemzug versorgt die Lunge Muskeln, Organe und Zellen mit frischem Sauerstoff. Sie könnten rund vier Wochen ohne Nahrung überleben, rund vier Tage ohne Wasser, ohne Sauerstoff aber wäre das nur wenige Minuten möglich. Mit seiner Hilfe können die Körpersysteme funktionieren, kann Gift abtransportiert, können Nährstoffe oxidiert werden. Sie gewinnen die Energie für Körper und Geist erst durch die Versorgung mit Sauerstoff, und vor allem kurbeln Sie damit die Kraftwerke in Ihren Zellen an, die Mitochondrien. Bei dieser Fülle an lebensbereichernden Leistungen mag es verwundern, wie wenig Aufmerksamkeit wir auf das Atmen legen. Die Atmung kann hektisch, flach oder unregelmäßig werden, kann behindert werden durch eine ungesunde Atemtechnik. Das lässt sich ändern und damit die Basis für Ihre Gesundheit erhöhen.

> Atmen Sie öfter bewusst in den Bauch!

Das wird Ihnen leichter fallen, je aufrechter Ihre Haltung ist. Denn mit gestreckter Wirbelsäule kann die Lunge genügend Luft ziehen. Das wiederum bietet den Zellen einen Frischekick. Energie entsteht, Energie wird ausgetauscht: Laut Dr. Jens Freese sind über 99 % Prozent der Zellen fähig, ihre Energie über die Mitochondrien zu produzieren. Diese kleinen Kraftwerke in den Zellen vollbringen eine wunderbare Leistung: Pro Zelle sorgen bis zu mehreren Tausend Mitochondrien dafür, dass Ihr Stoffwechsel funktioniert! Damit diese lebensnotwendige Energiearbeit fortlaufend geschehen kann, braucht die Zelle Ihre Unterstützung, indem Sie sie mit Wasser, Nährstoffen und Sauerstoff versorgen. Wenn das nicht qualitativ ausreichend passiert, machen erst die Zellen, dann die Muskeln und am Ende die Organe schlapp. Eine unzureichende Atmung schränkt die Energieproduktion ein. Die Folgen wären Erschöpfung und später vermutlich Krankheit.

Wie energie- und sauerstoffreich Ihre Zellen sind, lässt sich übrigens im Blut nachweisen. Meist aber sehen Sie den Zustand bereits an der Haut, den Haaren, der Körperhaltung, an Ihrer Ausstrahlung.

Neben Sauerstoff und Nährstoffen benötigen die Zellen einen weiteren Aspekt, um gesund zu bleiben: Ihre Wahrnehmung, Ihre Gedanken. Sie entscheiden sich, ob Sie einen positiven Ansatz finden oder ob Sie einer alten Angst- und Jammerspur folgen. Ob Sie in Routine leiden oder sich jeden Tag einen kleinen oder großen Moment der Freude verordnen. Ob Sie zuversichtlich sind, ob Sie an Ihren Selbstwert glauben und davon überzeugt sind, dass Sie Ihre Ziele im Leben erreichen, all das hat einen Einfluss auf Ihr Zellglück! Das erzählte ich Marion: Denn mir fiel auf, wie wehmütig sie auf die Zeit zurückblickte, als ihre Söhne noch zu Hause lebten.

Wer sich stets nach der Vergangenheit sehnt, verpasst das Leben im Hier und Jetzt. Sie können sich nur für eine Richtung entscheiden, mental und auch körperlich. Sie können nicht nach vorne und nach hinten gleichzeitig gehen. Marion schaffte es nicht, in eine andere Lebensphase einzutreten, sich die Tage im Hier und Jetzt freudvoll zu gestalten. Mit dem Auszug der Söhne war Ihr die Sinnhaftigkeit abhandengekommen. Nun ging es darum, wieder den Moment zu erkennen, Neues zu kreieren, den Tagen einen anderen Sinn zu geben als die Kindererziehung. „Schalten wir den Autopiloten aus", sagte ich ihr. „Nehmen wir an, alles sei möglich, alles, wovon Sie früher einmal geträumt haben, könnte nun wahr werden." Sie stutzte: „Alles, wirklich alles?" „Ja, gehen Sie in Ihre Fantasie, alles ist möglich." Sie schmunzelte, antwortete, dann würde sie gerne zehn Kilo abnehmen, sich fit und sexy fühlen und morgens aus dem Bett springen, weil der Tag wieder eine Überraschung bereithielte. „Nichts leichter als das", antwortete ich. „Fangen wir an, und zwar mit dem richtigen Atmen" – und dann mit der Vorstellung, Marion wäre bereits dort, wo sie sein wollte. Denn bereits mit dem Umwandeln von negativen Wahrnehmungen in positive Bilder beginnt die Veränderung.

Übung: Sieger atmen besser

Mit dem bewussten Ein- und Ausatmen erreichen Sie mehr Achtsamkeit, mehr Fokus auf das, was Sie tun. Neben der körperlichen Unterstützung geben Sie auch Ihrem Geist frische Energie. Sie treten selbstbewusster auf, wenn Sie tief durchatmen. Der Rücken wird gerade, der Brustkorb weitet sich, die Schulterspitzen zeigen nach außen, und wenn Sie die Hände nicht verschränken, sondern locker für Gesten nutzen, die nach oben streben, dann strahlen Sie aus, dass

Sie wissen, wer Sie sind, was Sie können, wohin Sie wollen.
Alles beginnt mit dem Atmen.

- Legen Sie sich bitte auf den Rücken auf eine bequeme Unterlage, zum Beispiel auf eine Wolldecke oder Yogamatte.
- Lassen Sie die Füße nach außen fallen.
- Spüren Sie den Boden unter dem Becken.
- Legen Sie die Arme locker an die Seite Ihres Körpers, die Handflächen zeigen nach oben.
- Schließen Sie, wenn Sie möchten, die Augen.
- Atmen Sie durch die Nase tief ein, so tief, dass der Atemzug durch die Kehle, den Brustkorb in den Bauch fließt.
- Legen Sie nun die Hände auf den Bauch.
- Atmen Sie ein.
- Nehmen Sie wahr, wie der Bauch sich hebt.
- Atmen Sie lange durch die Nase wieder aus.
- Wiederholen Sie dieses tiefe bewusste Atmen zehn Minuten lang.
- Atmen Sie auf vier Taktschläge ein, der Bauch hebt sich.
- Atmen Sie auf sechs Taktschläge aus, der Bauch senkt sich.
- Genießen Sie diesen Wechsel, konzentrieren Sie sich auf das Zählen der Takte. Folgen Sie gedanklich dem Luftweg, ein und aus.
- Ihre Gedanken, die kommen und gehen, ebenso wie Ihr Atem kommt und geht.
- Halten Sie die Achtsamkeit auf den Atem gerichtet.
- Lassen Sie nun los, lassen Sie den Atem kommen und gehen, ohne ihn zu steuern.
- Freuen Sie sich über diese Funktion des Lebens, über Ihren Atem.
- Und nun stellen Sie sich vor, Sie wären genau dort, wo Sie immer sein wollten. Malen Sie dieses Bild groß, bunt, in kräftigen Farben oder in Pastell. Es ist Ihr Ziel, Ihr Traum, Sie atmen sich dorthin und plötzlich geschieht Folgendes: Ihr Gehirn hält dieses Bild fest, gibt das Signal, Glückshormone hinzuzufügen. Ihr Herz wird hell, Ihre Stimmung auch. Was immer Ihr Bild sein mag, es wirft sein Licht voraus.

→ Wiederholen Sie diese Übung einmal täglich fünf Minuten lang. Sie trainieren damit das richtige Atmen und zudem halten Sie den Fokus nach innen gerichtet. Sie blenden in dieser Zeit das Außen, in dem Routinen warten, völlig aus. In solchen Sequenzen des Atmens kommt auch Ihr Geist wieder in eine Balance. Flattrige Gedanken, durch das Stresshormon Kortisol angefeuert, können sich beruhigen. Mit einem Abstieg des Kortisol-Levels kann der Serotoninspiegel wieder steigen. Serotonin ist zuständig für das Gefühl der Zufriedenheit. Das Ergebnis ist eine gehobene Stimmung. In dieser Weise beginnen Ihre Zellen, neue Muster zu bilden (Video Abb. 2.1).

Abb. 2.1 In 5800 Meter Höhe wird die Relevanz von Sauerstoff erlebbar. Foto + Video: Zellglück GmbH
(▶ https://doi.org/10.1007/000-6df)

2.2 Routinen verlassen und Freude empfinden

Sobald Sie den Platz für Neues, Herausforderndes herbei-atmen, verlassen Sie mental Ihre Komfortzone. Sie stellen sich vor, Sie wären mutiger, freudiger, unternehmungs-lustiger. Das ist bereits Ihr erster Schritt aus der Routine. Deshalb sollten Sie Ihre Ziele, Träume, Ihre Stärken täglich aktivieren – um sie im Folgenden in kleinen Schritten in den Alltag einzubauen. Damit nutzen Sie die Plastizität Ihres Gehirns. Sie gestalten um, was für Sie wichtig ist. Sie verlieren Ängste, Sorgen, Sie wachsen innerlich, manchmal blühen Sie sogar auf, wenn es Ihnen gelingt, aus dem Einer-lei des Alltags zumindest über kurze Zeitstrecken auszu-steigen. Sie müssen keinen Marathonlauf anstreben, keine Bergbesteigung auf den Plan nehmen. Auch eine Mutprobe durch einen Fallschirmtandemsprung ist nicht vonnöten. Bereits winzige Veränderungen können Sie auf einen ande-ren, einen besseren Weg führen. Wenn Sie diese kontinuier-lich setzen, wenn Sie sich stets überschaubare Stressimpulse zumuten, werden Sie stark und stärker werden, ohne Risi-ken einzugehen. Aber dazu später mehr. Zunächst geht es mir darum, Ihr Bewusstsein dafür zu klären, dass zu viele Routinen Sie schwächen, dass Routinen sogar die Sinn-haftigkeit im Leben belasten können.

Marion heute

Marion übrigens kam während der Atemübung folgendes Bild: Sie erinnerte sich daran, dass sie als Kind gerne ge-sungen hatte. Bei jeder Beschäftigung sang sie vor sich hin und andere staunten über ihre schöne Stimme. Später, als Jugendliche, hatte sie sich das abgewöhnt, es wäre, so sagte sie lachend, auch seltsam, vor der Clique oder in der Schule zu singen. „Warum?", fragte ich. Und da glänzten ihre Augen. „Ja, warum eigentlich? Ich könnte wieder anfangen."

Sie nahm tatsächlich Gesangsunterricht und leitet heute einen Frauenchor. „Beim Singen", so ihr Statement, „ist Atmen existenziell." Ich erkannte sie kaum wieder, es war rund ein Jahr vergangen seit der ersten Begegnung in meinem Coachingstudio. Bewegung war noch immer nicht ihr Ding, aber Atmen ist ihr eine Leidenschaft geworden, und wenn ich die Frau von damals mit der heutigen vergleiche, dann liegen Welten dazwischen. Sie lächelt, als läge ihr ständig ein Lied auf den Lippen.

Sport, da will ich nichts schönfärben, ist für mich persönlich eine Lebensessenz, aber für manche eben nicht! Manche finden andere Wege, um ihre Stimmung hochzutreiben, um stark genug zu werden, um Routinen zu durchbrechen. Was für den einen sinnvoll ist, ist für den anderen längst kein Ziel. Sinnhaftigkeit finden Sie nur in sich – zum Beispiel während der klärenden Atemübung. Und mit jeder weiteren Hinwendung zu Ihrer höchstpersönlichen Idee von einem Routinebruch oder gar von Ihrem Traum werden sich Synapsen im Gehirn zu einem Netzwerk fügen. Die Verbindungen zwischen den Nervenzellen nehmen zu. Ihre Zellen im Gehirn beginnen mehr und mehr zu kommunizieren. Zuerst sendet eine Nervenzelle einen elektrischen Impuls in einen Spalt. Der füllt sich mit Botenstoffen wie zum Beispiel Dopamin oder Adrenalin. Diese Botenstoffe docken an einer zweiten Nervenzelle an, die sich am Ende des Spalts befindet. Sender und Empfänger kommunizieren. Zwei Nervenzellen treffen sich. Eine ganze Kaskade kann sich in Bewegung setzen, wenn Sie an dieser Stelle weiter trainieren, wenn Sie Impulse, Gedanken, Bewegung, wenn Sie Ihren Atem dorthin senden. Dann entsteht ein synaptisches Netzwerk, stark und belastbar. Aber noch ein Aspekt ist wichtig, um die Verbindung der Zellen zu aktivieren: Stress.

Ohne Stress gibt es keine Entwicklung. Wenn wir uns weiterentwickeln, ob körperlich oder mental, brauchen wir herausfordernde Momente. Deshalb wehre ich mich gegen das allumfassende Verdammen von Stress. Wir wachsen unter Stress. Wir kommen mit uns selbst in Tuchfühlung, weil wir unsere Grenzen berühren! Stress erst deckt Ihr Potenzial auf. Wer diese Tatsache scheut, der lässt seine Substanz aus Gefühl, Wissen und Talent unter einer immer gleichbleibenden Routine verstauben. Bedenken Sie: Die Plastizität des Gehirns braucht herausfordernde Impulse, um in Gang gesetzt zu werden. Wenn das nicht geschieht, dann bauen sich die entsprechenden potenzialorientierten Netzwerke wieder zurück. Das ist das langsame Vergessen Ihrer Unverwechselbarkeit. Profis tun das nicht. Sie legen Wert auf Wachstum, auf das Zeigen Ihrer Kompetenz. Profis suchen Stress vor der Entspannung. Sie sagen: Her mit dem Stress, der lässt mich nie vergessen, welche Kraft ich besitze und täglich ausbilden darf.

2.3   EU-Stress: Unbequem, aber förderlich

Zugegeben, unter Stress mag der Alltag unbequemer sein. Es ist generell nicht leicht, eingefahrene Spuren zu verlassen. Die ersten Schritte sind mühsam, vielleicht sogar schmerzhaft. Da wird es Abschiede geben von Gewohnheiten, vom Umfeld, vielleicht sogar von Personen. Denn allzu fest greift alles ineinander, was Gewohnheit ist. Doch Sie haben es in der Hand, Ihr Leben zu verändern. Dann wird es anfangs ruckeln. Es wird knirschen im Getriebe. Sie könnten nun verängstigt versuchen, in die eingeschliffenen Bahnen zurückzukehren. Oder Sie halten das Ruckeln aus und sagen sich, dass es sich schon einspielen wird, dass jeder

Anfang ein Quäntchen Unsicherheit, Belastung, Unbequemlichkeit mit sich bringt. Sie sagen sich vielleicht auch: Leben ist Veränderung! In diesem Moment gehen Sie raus aus der Schonhaltung, raus aus dem Überlebensmodus nach Vorgabe. Und plötzlich erhalten die vielen Rädchen in dem System Leben neue Verbindungen, neue Drehmomente.

Bis Menschen lang gepflegte Routinen aufbrechen und ins volle Leben greifen, kann viel Zeit vergehen. Auch bei Marion dauerte es zwei Jahre. Erst als sie traurig wurde und Gewicht ansetzte, erst als sie das Gefühl hatte, keine Luft mehr zu bekommen, suchte sie nach neuen Möglichkeiten. Und immer ist es erstaunlich, wie schnell sich diese eröffnen, wenn wir uns nach innen wenden und uns fragen: Was ist es, das mich wirklich antreibt? Was will ich erreichen? An welcher Stelle im Leben habe ich mich vermutlich vom eigenen Glück verabschiedet, weil mir das Wirken im Außen wichtiger war?

Zwei Ursachen lösen solche Fragen aus: Entweder ist wie bei Marion der Leidensdruck groß geworden. Oder es ist wie bei Dieter ein Sog entstanden zum Handeln aus Liebe. Während Liebe als Motiv einen positiven Stress verursacht, kann ein Leidensdruck äußerst schmerzhafte Gefühle hervorrufen. Dann bleiben wir in der Schonhaltung, ducken uns, bis wir spät einsehen, dass ein Verharren im immer Gleichen das Leiden noch verstärkt. Erst ganz zum Schluss, wenn wir sagen: ‚Nichts geht mehr!', bündeln wir die letzte Kraft, um zu verändern, was stört.

Ich wünsche Ihnen: Sie verändern aus Liebe, weil Ihre Ziele Sie anziehen wie ein Magnet. Fragen Sie sich: Was macht mir Freude? Was will ich ändern, um glücklich zu sein? Was immer es ist, Sie können es erreichen. Formulieren Sie Ihr Ziel, atmen Sie hinein. Sie sind geboren, um glücklich zu sein, um ein erfülltes Leben zu führen. Das besteht aus Staunen, Aufbrechen und auch aus einem Sich-

Erschöpfen an der Grenze des Möglichen, um sich dann zu erholen und weiterzugehen, immer weiter Ihrem Glücksziel entgegen. Und mit jedem Schritt in diese Richtung, das verspreche ich Ihnen, lernen Ihre Zellen. Sie füllen sich mit Sauerstoff und strukturieren sich passend zu Ihrer Absicht. Denn die kleinsten Bausteine Ihres Lebens sind bewegliche, wohlmeinende und gefühlsspeichernde Strukturen. Mit einer Intelligenz versehen, speichern sie nicht nur Nahrung und Sauerstoff, sondern auch das, was Ihnen auf der Seele liegt. Die Verantwortung dafür tragen Sie, indem Sie Reize setzen, die Richtung bestimmen. Und deshalb lautet die Botschaft dieses Kapitels: Bereits eine kleine Veränderung kann einen großen Nutzen nach sich ziehen.

An dieser Stelle nicken meine Kunden, denken kurz nach – und fragen: „Was genau soll ich denn verändern?"

Meine Antwort: „Was du willst! Was dir wichtig ist. Was du schaffen kannst" Du wirst deine Schubkarre, gefüllt mit Sorgen und Schicksalsschlägen der Vergangenheit, nicht auskippen können. Du wirst nie frei und unbeschwert sein. Das sieht das Leben nicht vor. Schieb den Kram vor dir her, anders geht es nicht. Aber entscheide dich jetzt, in diesen drei Sekunden, für ein glückliches Leben oberhalb der Last und auch des Routinestaubes. Fang an, indem du einmal richtig atmest. Und dann öffne die Augen und sieh hin, wie schön die Natur ist, wie wunderbar der Planet, auf dem du leben darfst. Die Wahrnehmung bestimmt deine Energie. Ein einziger Gedanke kann den Impuls zum Verändern geben. Merksatz gefällig?

Wenn du dich in deinem Spiel des Lebens nicht mehr wohl-fühlst, dann ändere die Wahrnehmung, denn diese ver-ändert das Spiel.

3

Aussitzen ist auch keine Lösung

Wenn Sie Musik schätzen, werden Sie auf die Raumakustik achten. Sie werden Höhen und Tiefen optimieren, Störgeräusche minimieren. Sie werden dem Klang Fülle und Präsenz verleihen. Mit Hilfe des Equalizers entzerren Sie die Frequenzen, modulieren die Töne, bis sie Ihnen optimal erscheinen. Ohne Klangregler und Leistungsverstärker wäre das Hören von Musik eine relativ eindimensionale Sache. Und nun stellen Sie sich bitte einmal vor, einen solchen Filter gäbe es auch in Ihnen. Sie könnten Ihre Stimmungen verändern, Ihre Wahrnehmung verfeinern – und damit Ihre Laune auf ein besseres Niveau anheben. Klingt gut? Finde ich auch und füge an: Das ist möglich! Kraft Ihrer Gedanken kann es passieren, dass Sie dem Alltag mehr Klangfarben geben und Ihrem Leben mehr Volumen. Die einzige

Ergänzende Information Die elektronische Version dieses Kapitels enthält Zusatzmaterial, auf das über folgenden Link zugegriffen werden kann [https://doi.org/10.1007/978-3-658-36901-9_3]. Die Videos lassen sich durch Anklicken des DOI Links in der Legende einer entsprechenden Abbildung abspielen, oder indem Sie diesen Link mit der SN More Media App scannen.

© Zellglück GmbH 2022
M. Göbbels, *Lebensziel: Glücklich sein*,
https://doi.org/10.1007/978-3-658-36901-9_3

Voraussetzung, damit das gelingen kann, lautet: bewusste Wahrnehmung. Sobald Sie merken, Ihre Bequemlichkeit nimmt zu, Ihre Ängste lähmen Sie, dürfen Sie nachbessern, indem Sie schlichtweg korrigieren, was stört. Sie können Ihren inneren Equalizer regeln.

Wenn Studien fast jährlich belegen, dass ein Viertel der Deutschen mit dem eigenen Leben unzufrieden ist [1, 2], sollte uns das nachdenklich machen. Denn andauernde Unzufriedenheit macht krank. Sie belastet die Seele und irgendwann auch den Körper. Und noch später geht der Glaube daran verloren, dass dieses Leben eine wunderschöne Melodie schreiben, dass es glücklich verlaufen kann.

In all meinen Gesprächen mit Menschen, die unter dieser miesen Mittelmaß-Stimmung litten, war eines erkennbar: Sie sahen keinen Sinn mehr in dem, was sie taten. Um es mit einem Wort zu beschreiben: Sie lebten in der Eintönigkeit! Irgendwann hatten sie es aufgegeben, an den inneren Reglern zu schieben. Sie wurden zu bequem, um etwas zu verändern, etwas anzugehen, das ihnen Glück versprach. Dabei wäre es unaufwendig. Schon mit wenigen Gedanken kann sich etwas verändern und im Folgenden entsteht ein anderer Weg, ein neues Ziel. Sie müssen nicht auf den Kilimandscharo reisen wie Dieter. Es reicht aus, wenn Sie mit einer gewissen Gedankenhygiene beginnen.

3.1   Ein positives Mindset beginnt mit positiven Gedanken

Ein Mindset bildet sich aus der Summe Ihrer Gedanken, Bewertungen und Verhaltensweisen. Diese Kongruenz erkannte vermutlich Konfuzius, der chinesische Gelehrte, als Erster in dieser Stringenz. Auf ihn gehen die folgenden Worte zurück, die ich gerne frei wiedergebe:

„Achte auf deine Gedanken, denn sie werden Worte. Achte auf deine Worte, denn sie werden Handlungen. Achte auf deine Handlungen, denn sie werden Gewohnheiten. Achte auf deine Gewohnheiten, denn sie werden dein Charakter. Achte auf deinen Charakter, denn er wird dein Schicksal." Konfuzius

Dieser kluge Mann prägte rund 500 Jahre vor Christi Geburt diesen Satz, der bis heute Strahlkraft besitzt und nach wie vor gilt. Zwar stülpen wir heute das moderne Wort Mindset darüber, doch erzeugen die Gedanken genau jene Kaskaden, die am Ende ein Schicksal beeinflussen. Oftmals wenden meine Klienten dann ein: „Ich kann nicht raus aus meiner Haut, ich bin eben so." Oder sie denken, dass Träume nicht wahr werden können. Sie sagen: „Ich sitze im Büro und träume von einem Strand auf Bali. Ich flüchte aus der Situation – und das tut mir gut." Genau das sind Beispiele für ein negatives Mindset.

Im ersten Beispiel hören wir geradezu eine selbsttrainierte Ausweglosigkeit. Ich stoppe dann und betone: Wir entscheiden, wohin wir unsere Aufmerksamkeit senden! Achten Sie einmal darauf, ob Sie sich schon im Denken Schranken auferlegen. Karrieren, die stagnieren, Beziehungen, die nicht funktionieren, Geldsorgen, die den Schlaf rauben, all das entsteht auch durch ein negatives Mindset nach dem Motto: Es ist halt so, ich habe es nicht besser verdient. Dabei können Sie jederzeit aufstehen, sich strecken und sagen: „Jetzt verändere ich mein Denken!" Das nämlich können Sie! Sie sind der alleinige Meister Ihrer Gedanken. Sie bestimmen, ob Sie sich in Ihrer Haut wohlfühlen. Niemand außer Ihnen ist verantwortlich. Nicht die Eltern mit ihren damals begangenen Erziehungsfehlern. Nicht die Lehrer. Nicht der liebe Gott oder gleich das gesamte Universum sind daran schuld, dass Sie aktuell auf der Stelle treten. Ich jedenfalls finde es besser, sich zu sagen: „Bis hierhin lief es nicht ganz rund. Das verändere ich."

Ab sofort gilt: „Wie wunderbar, dass ich meine Zellen beeinflussen kann, dass ich bestimmen kann, welche Emotionen
ich in mein Leben hineingebe".

Und der Träumer in Ihnen? Nun, der mag wichtig sein,
denn er ist ein Treiber für Ihre höchstpersönlichen Ziele.
Wer aber den Moment, zum Beispiel die Arbeit im Büro,
durch Inselträume ersetzt, der verschleudert Energie, und
zu einer Höchstleistung wird er nicht fähig sein. Fragen Sie
mal einen Sportler, ob er während seines Startes zum Beispiel zum 100-Meter-Sprint vom weißen Sand auf Bali
träumt. Wohl kaum. Er wird sich fokussieren, im Moment
bleiben, er wird laufen bis an die Leistungsgrenze, wird
kämpfen um jeden Meter Boden unter seinen Füßen. Er
wird die Zellen aktivieren, um sich selbst alles abzuver-
langen. Profis bleiben im gegenwärtigen Moment präsent
und versagen sich jegliche mentale Flucht. Träumen können sie später. Als Fußballtrainer habe ich genau diesen Ansatz gepredigt:

Fokus auf den Moment. Profis träumen nicht, sie denken
und handeln in der Gegenwart. Profis verschieben ihre
Grenzen, und zwar mit aller körperlichen und geistigen
Präsenz.

3.2   Vom Traum zum Ziel

Jede Veränderung, die Sie aus der Komfortzone hinaus-
führt, kostet Energie. Jede Veränderung setzt deshalb eine
Aktion voraus. Sie erfordert, den eigenen Hintern hochzu-
hieven und die Anstrengung nicht zu scheuen. Sie bedeutet
auch, sich zu entscheiden, wo man sich aufhalten will: in

der Gegenwart mit allen Sinnen oder im Traum ohne An-
bindung an die Wirklichkeit.

Wer im Büro an Unterlagen arbeitet und von Bali träumt,
der befindet sich an keinem Ort, zu keiner Zeit, er ist
nirgendwo präsent. Das ist verlorene Energie, das ist ein
kleiner Selbstbetrug. Dann passiert mit Ihrem Mindset Folgendes: Sie sagen sich, dass Sie Ihre Gegenwart nicht schätzen, nicht ausfüllen mit Ihren Fähigkeiten. Und gleichzeitig
spiegeln Sie Ihrem Verstand etwas vor, das der Realität nicht
entspricht. Ihr Ego wird unzufrieden. Es brüllt, dass der
Nachbar sich die Reise nach Bali leisten kann und Sie selbst
nur davon träumen. Ihr Ego liebt solcherlei Vergleiche. Was
folgt: Sie machen sich Vorwürfe, die Unzufriedenheit
wächst, das Jammern setzt ein. Der Vergleich ist per se der
Tod des Glücks und das Jammern bedeutet, Ihre Energiereserven über die Maßen zu strapazieren. Wie wäre es also,
Sie würden diesen Mechanismus durchbrechen, würden am
Regler der Hoffnung, der Freude, der Zuversicht drehen
und sich denken: Ich schenke meiner Arbeit im Moment
die größtmögliche Aufmerksamkeit. Später, zu Hause auf
dem Sofa, plane ich meine Reise! Schritt für Schritt bereite
ich mich auf diesen Traum vor.

> → Nur mit einem Plan in der Hand lassen sich Träume zu
> Zielen formen. Denn mit einem Plan nehmen Sie Ihre Wirk-
> lichkeit, Ihr Leben wieder in die eigene Hand. Sie denken,
> rechnen, malen sich aus, was zu tun ist, um das Vorhaben zu
> verwirklichen. Bereits solche ersten Schritte können Ihr
> Mindset, Ihre gesamte Haltung zum Leben verändern.

Ich habe Menschen erlebt, die bereits strahlten, als sie
ihrer Idee die ersten Schritte hinzufügten. Da stand zum
Beispiel im Kalender:

1. Urlaub im Büro beantragen.
2. Fünf Kilo abnehmen für die Badefigur.
3. Sechs Monate lang 500 Euro auf ein Reisekonto überweisen.

Merken Sie etwas? Der Traum erhält Konturen und die Vorfreude stellt sich bereits mit dem Planen ein. Sie werden zum Macher. Ganz nebenbei ernähren Sie sich gesünder und bewegen sich bewusster in Ihrem finanziellen Rahmen.

Eine kleine Veränderung kann vieles nach sich ziehen – aus Stillstand wird Aktion. Sie drehen die Regler an Ihrem inneren Equalizer hoch. Eine Sogwirkung entsteht. Sie handeln aus Liebe zum Traum, zum Ziel. Plötzlich sehen Sie ein Motiv vor Augen, für das es sich lohnt, loszumarschieren. Und nun überlegen Sie bitte einmal:

- Was ist für Sie ein wirklich starkes Motiv, um den Hintern vom Sofa zu bekommen?
- Worauf möchten Sie Ihre Liebe, Aufmerksamkeit und Energie richten?

Ich wette, Sie müssen nicht lange überlegen. Die Idee von einer Veränderung schießt aus dem Unterbewussten sofort in das Bewusstsein, wenn sie Ihnen wirklich wichtig ist. Denn Veränderungen gären in uns, wenn wir sie nicht umsetzen. Dann mag es sein, dass sie eine Zeit lang in scheinbare Vergessenheit geraten sind, dass sie nur hin und wieder als Tagtraum aufblitzen. Vielleicht haben Sie sich dann angewöhnt, diesen Gedanken wieder zurückzudrücken: zu teuer, zu aufwändig, zu anstrengend – das mag Ihre Bewertung sein, aus der eine Wahrnehmung und später ein Mindset wird. Halten Sie inne. Nehmen Sie diesen Wunsch-Gedanken an. Sie haben es in der Hand, daraus eine Wirklichkeit zu formen. Und wenn in diesem Moment, in dem Sie diese Zeilen lesen, eine innere Stimme Ihnen erzählt von einem Abenteuer, das Sie sich nie trauten; von einer Weiterbildung, die Ihnen zu herausfordernd erscheint; von einer Bewerbung um den nächsten Karriereschritt; von dem Flirten mit der schönen Nachbarin – was immer diese Stimme flüstert, nehmen Sie es an. Solange Sie Ideen und Träume haben, leben Sie, sind Sie mit all Ihren Sinnen mitten auf Ihrer Zeitstrecke.

Bedenklich wäre es, wenn Sie äußern würden, es gäbe keine Herausforderung, kein Ziel. Da gäbe es nichts, keinen Funken, der sich in Ihren Gedanken regt. Das würde mir Sorgen bereiten.

Kein Funke, nirgendwo

Es kommt nur selten vor, dass ich keinen Funken in den Augen meines Gegenübers erkenne, wenn ich nach seinen Wünschen frage.

Beispiel Thomas

Thomas war Installateur mit eigenem Unternehmen. Er selbst nahm als Chef weder Kundentermine wahr noch bemühte er sich um eine gute Stimmung in seinem Team. Überhaupt ging er selten ins Büro, meist saß er zu Hause, las Zeitung, schwieg am Küchentisch oder werkelte ein wenig im Keller herum. Hatte er früher noch Interessen, zum Beispiel kegelte er gerne, so hatte er auch diese Termine gestrichen. Er wollte keinen Aufwand betreiben, keine Unruhe in die Wochen bringen. Seine Frau litt darunter. Zwar hatte sie sich angewöhnt, ihre Termine ohne ihn wahrzunehmen, aber seine schlechte Laune belastete die Ehe. Sie forderte: „Lass dich coachen, alleine änderst du dich nicht." So kamen wir zusammen. Ich erinnere mich an seine ersten Sätze, als ich das Auftragsgespräch führte: „Keine Ahnung, was meine Frau will. Ist doch alles gut." So stand er vor mir, ließ die Schultern hängen. Nach einer Zeit des Schweigens fragte ich ihn: „Gibt es etwas, wofür Sie sich früher begeisterten?" Er schwieg weiter. Ich hakte nach: „Oder gibt es eine Freude, einen Traum? Gibt es ein Ziel, das Sie erreichen wollen?" In seinen Augen kein Funke.

Ich bat ihn, sich einen Patienten vorzustellen, der auf der Intensivstation an eine Herz-Lungen-Maschine angeschlossen ist. Solange es piepst, gibt es Hoffnung. Auch das kleinste Piepsen bedeutet, dass dieser Patient lebt. Würde dieses Geräusch aber erlöschen, wäre nichts, kein Gedanke, kein Traum, keine Wirklichkeit mehr möglich. Daraufhin zuckte er mit den Schultern und sagte, diese Coachingstunde absolviere er nur, damit seine Frau Ruhe gebe. Ich antwortete, dann könne ich ihm nicht helfen. Denn Hilfe darf und kann immer nur Hilfe zur Selbsthilfe sein.

Es ist schwer, das eigene Mindset zu verändern. Meist ist es über Jahrzehnte gewachsen. Wer zum Beispiel 40 Jahre lang gelernt hat, dass seine eigenen Ziele nicht wichtig sind, dass andere besser sind, der wird nicht auf Knopfdruck oder mit einer einzigen Stunde Coaching eine Veränderung herbeiführen können. Gehirnforscher betonen, dass eine Verhaltensänderung mindestens sechs Wochen intensiver Wiederholungen bedarf, um sich zu verfestigen. Einen Trott zu durchbrechen ist deshalb keine leichte Übung. Sie brauchen Konsequenz und auch Stressreize, die Ihre neuronalen Verbindungen wachsen lassen. Und doch lohnt sich die Mühe, sich dem eigenen Glück anzunähern. Meist steht die Angst aber wie eine Blockade davor. Angst vor den Reaktionen der anderen. Angst vor dem Scheitern. Angst, die Routine zu verlassen und damit ein noch nicht bekanntes Terrain zu betreten. Niemand kann Ihnen die Garantie geben, dass Sie sich auf diesem unbekannten Terrain wohlfühlen werden. Es mag sein, dass Sie stolpern, sich sogar zurücksehnen nach dem Trott. Aber wie können Sie das alles testen, wenn Sie sich nicht vorwagen?

3.3 Gute Gründe für eine Veränderung

Ich habe im vorigen Kapitel erwähnt, dass die Liebe oder das Leiden extrem starke Motive für eine Veränderung sind. Die erste Situation übt eine Sogwirkung aus, die andere wird durch Druck erhöht. Zwischen diesen beiden Polen bilden sich weitere Motive ab, die Sie zur Veränderung drängen können.

1. Da ist zum einen die Langeweile. Sie merken, da muss es doch mehr geben in Ihrem Leben: mehr Abwechslung, mehr Freude, mehr Potenzialentfaltung. Ja, gibt es. Allein die Tatsache, dass Sie über eine Veränderung nachdenken, ist ein Indiz dafür.
2. Oder da ist das Gefühl, nur auf der Stelle zu treten. Alles bekannt, alles schon da gewesen, nichts Neues wartet auf Sie. Kein Staunen, keine noch so kleine Unvernunft, von Spontaneität ganz zu schweigen.
3. Oder Sie müssen einen Schicksalsschlag erfahren, der rüttelt Sie wach, treibt Sie zur Reaktion: Krankheit, Trennung, Verlust können Auslöser sein, um das eigene Leben zu hinterfragen und eine Wende herbeizuführen.

Was immer Ihr Motiv sein mag, etwas zu ändern, immer steht die Sehnsucht dahinter, dem Leben wieder einen Sinn zu geben.

Wenn Sie einen Sinn in Ihrem Handeln sehen, blühen Sie auf. Wenn Sie verstehen, dass Sie mit Ihren Talenten und Träumen nicht nur Ihr eigenes Leben bereichern, sondern sogar einen Beitrag für eine bessere Welt leisten können, dann kommen Sie Ihrem Glück auf die Spur.

Dort, wo Sinnhaftigkeit schwingt, sind Sie weit entfernt vom bloßen Überlebensmodus. Sie leben! Sie verbinden

Vernunft und Herz zu einer inneren Harmonie, und damit erreichen Sie eine Kohärenz zwischen Körper, Seele und Gehirn. Alles im optimalen Einklang. Die Regler des inneren Equalizers in Perfektion. – Das wirkt sich auf Ihre Zellen aus. Die sortieren sich um, werden sauerstoffreich und giftfrei. Kohärenz im Denken und Handeln kann ein wahrer Jungbrunnen sein.

Ich wünsche Ihnen, dass Sie genau diesen Zustand erreichen, und denke dabei an Kurt.

Beispiel Kurt

Es ist einige Jahre her, dass Kurt ein Coaching bei mir buchte, es war lange vor meiner Zeit als Trainer beim HSV. Kurt ist mir in Erinnerung geblieben, weil ich selten einen Menschen erlebt habe, der derart schnell – körperlich und geistig – abbaute, weil man ihm quasi über Nacht den Sinn im Leben genommen hatte. Jedenfalls hat er das in der ersten Coachingstunde genau so beschrieben. Was war geschehen? Man hatte ihm gekündigt. Er war damals 62 Jahre alt, nicht bereit, sich auf die Rente vorzubereiten. Kurt war fleißig, neugierig, engagiert als Teamleiter einer Baufirma. Aber die Baubranche war in eine Krise geraten, man kündigte einem Teil der Belegschaft. Die Alten sollten zuerst gehen. Kurt war dran. Anfangs spürte er Verzweiflung, suchte das Gespräch mit seinem Chef, mit Konkurrenzfirmen, ohne Erfolg. Auch ich konnte ihm keine Berufsperspektive bieten, nur das Programm aus Bewegung, Ernährung, aus mentaler Stärkung. Kurt war nicht fähig, mein Programm umzusetzen. Ihm fehlte die Energie. Er trauerte um seinen Beruf, verstand das abrupte Ende seiner Karriere nicht. Er baute ab. Von Monat zu Monat wurde er trauriger, brannte aus in seiner Unterforderung. Dieser umtriebige Mann versackte in der Langeweile. Während Freunde ihm auf die Schulter klopften und zuriefen, sie selbst würden die Tage bis zur Rente zählen, er könne sich doch glücklich schätzen, konnte Kurt diese Haltung nicht nachvollziehen. Und dann geschah der Durchbruch. Nach vier Monaten unserer Zusammenarbeit forderte ich ihn heraus: „Stell dir vor, alles wäre möglich, es gäbe keine Grenzen, Hindernisse, was würdest du

tun, um glücklich zu sein? Verdammt noch mal, Kurt, ändere
was!" Er überlegte, schloss die Augen. Ich wiederholte:
„Alles, wirklich alles ist möglich. Es gibt keine Denk-
barrieren."

Sein Gesicht entspannte sich, ein Lächeln huschte über
sein Gesicht. Zögernd fragte er nach: „Auch 40 Jahre alte
Wünsche?" Ich nickte. Ja, das sei die Wunderfrage, da gebe
es keine Restriktionen. „Ich würde meine eigene Baufirma
gründen. Jetzt. Sofort. Von der Abfindung." Nun, ich kann
es abkürzen. Kurt Ebert hat vor wenigen Monaten sein
20jähriges Firmenjubiläum gefeiert. Sagen Sie mir also bitte
nicht, die Zeit sei vorbei, die Chance nicht da, die Gegenwart
zu unsicher. Erfinden Sie keine Entschuldigungen im Außen.
Wenn Sie Ihren Traum kennen, kennen Sie auch den Weg
dorthin!

Nichts ist schädlicher für Ihre Zellgesundheit, als wenn
Sie in einem Alltag festsitzen, den Sie nicht lieben. Dann
werden Sie unweigerlich Stück für Stück abbauen. Dann
laufen die Tage unterschiedslos ineinander, alles gleich, alles
unverändert in der Tonalität des Lebens. Wie schade um
Ihr Potenzial, um all das, was an Fähigkeiten in Ihnen
steckt. Sie werden ganz langsam verlernen, wie Sie Ihre
Stärken trainieren und wie Sie jenseits der Gewohnheiten
und Routinen Ihr Leben mit einer positiven Energie ver-
sehen. Statt sich Ziele zu setzen, sich aufzumachen auf den
Weg, treten Sie auf der Stelle. Bewegungslos. fantasielos.
Vielleicht finden Sie kleine Fluchten im Außen, in einer
Netflix-Serie, in den Erzählungen von Freunden. Vielleicht
flackert hin und wieder ein alter Traum in Ihnen auf, den
Sie mit befremdlicher Miene betrachten und wieder ins
Unterbewusstsein verbannen. So entsteht ein Grundtonus
im Alltag. Nur keine Anstrengung. Risiko vermeiden. Aber
Achtung: Stillstand ist Altern. Denn ohne Neugierde und
Abwechslung leiden Ihre Zellen!

> **Achtung**
>
> Stillstand heißt Altern. Ohne Neugier und Abwechslung ver-
> kümmern Ihre Zellen! Leben ist Veränderung!

Telomere

Auch massive Unterforderung bedeutet schädlichen Stress.
Dieser Distress schädigt nachweislich Ihre Gene, und zwar
werden die Enden Ihrer Chromosomen angegriffen. Experten nennen diese: Telomere. Bei gesunden, aktiven Menschen sind die Telomere lang. Je gesünder der Mensch,
desto länger sind die Telomere, desto dichter die Protein-
schicht, die sie umgibt. Die Molekularbiologin und Nobel-
preisträgerin Elizabeth Blackburn fand gemeinsam mit
ihrem Team heraus, dass Menschen auf die Länge ihrer Telomere u. a. durch Verhalten und Wahrnehmung Einfluss
nehmen können. Während Langeweile, schädlicher Dauerstress, negatives Mindset auf die Telomere verkürzend wirken und damit Krankheiten befördern, können positive
Stressimpulse und sinnhafte Ziele diese Verkürzung rück-
gängig machen! Die Wissenschaftlerin schreibt dazu: „Bei
dem Gedanken an eine gesündere Lebensweise seufzen Sie
vielleicht über die vielen Dinge, die Sie hierfür ändern
müssten. Doch Menschen, die den Zusammenhang zwischen ihrem Verhalten und ihren Telomeren erkannt haben,
sind durchaus zu dauerhaften Verhaltensänderungen in der
Lage" [3]. Nach Blackburns Aussage beziehen sich diese
Verhaltensänderungen auf ein positives Mindset, auf Sport
in Maßen, auf eine gesunde Ernährung und auf die Liebe
zu dem, was wir tun.

Legen Sie los! Machen Sie sich auf, um das Beste aus
Ihrem Leben zu machen. Denn kein Schmerz wird stärker

sein als die Einsicht am Ende Ihres Lebens, die dann lauten könnte: Verflixt noch mal, ich hätte mehr, viel mehr aus meiner Zeit machen sollen. In der Rückschau aber lässt sich das nicht mehr bewerkstelligen. Und das führt uns auch zu der Einsicht, hin und wieder Fünfe gerade sein zu lassen. Ein positives Mindset hat nämlich auch die Facette der Unvernunft. Damit will ich all den Kritikern zuvorkommen, die meinen, Bewegung, Sport, gesunde Ernährung seien etwas für Gesundheitsapostel. Nein, sind sie nicht. Ein positives Mindset hat eine andere Leitlinie und die lautet: Spaß haben im Leben. Werde zum „Lebensapostel"!

Leben ist jetzt. Diesen Satz habe ich mir in meinen Terminplaner geschrieben. Und ich sage ihn all den Menschen, die sich wie Gesundheitsapostel aufspielen, die hauptsächlich Verbote kennen. Wir sind geboren, um Lebensfreude zu spüren. Sollte die sich hin und wieder in einer fett mit Käse belegten Pizza verbergen, dann beißen Sie genussvoll hinein. Genießen Sie sie und denken Sie daran: Die Dosis macht das Gift. Das wissen heute auch die Wissenschaftler, die sich aufmachen, um das Glück zu definieren. Mal den Sidestep wagen, ein bisschen verwegen, abenteuerlustig, unvernünftig sein, das tut der Seele gut und auch den Zellen! Das ist so, als würden Sie endlich mal den Bass hochfahren, damit die Wände wackeln – um nachher mit ruhigerem Rhythmus auf Ihrem Weg zum Ziel weiterzugehen (Video Abb. 3.1).

Abb. 3.1   Was ist Stress eigentlich? Foto + Video: Zellglück GmbH
(▶ https://doi.org/10.1007/000-6dg)

Literatur

1. OECD (ohne Datum) Better life index Deutschland. https://www.oecdbetterlifeindex.org/de/countries/germany-de/. Zugegriffen am 11.02.2022
2. o. Verf./ZDF Nachrichten (2019) „Glücksatlas" 2019: Deutsche sind zufriedener als je zuvor. https://www.zdf.de/nachrichten/heute/gluecksatlas-deutsche-so-zufrieden-wie-nie-zuvor-100.html. Zugegriffen am 11.02.2022
3. Blackburn E, Epel E (2017) Die Entschlüsselung des Alterns. Der Telomer-Effekt. Mosaik, München

4

Alles ist Energie

Alles, was lebt, besteht aus Zellen. Vom Bakterium bis zu Pilzen und Pflanzen, von Insekten zu Tieren bis zum Menschen bildet sich der Code des Lebens in diesen kleinsten von einer Membran umhüllten Bläschen ab. Sie bestehen aus Molekülen und weiteren Strukturen. Sie kommunizieren perfekt miteinander, und zwar nach innen und nach außen. In Ihrem Kern enthalten sie seit mehr als vier Milliarden Jahren den Bauplan des jeweiligen Lebens. Die Energie liefern die Mitochondrien. Und obwohl Mitochondrien als Kraftwerke der Zellen definiert werden, sind diese Wunderwerke erst seit rund 60 Jahren gänzlich erforscht. Seither weiß man, dass es sich um Zellorganellen handelt, die von zwei Zellmembranen umgeben sind. Die äußere Membran dient dem Schutz der Organelle. In der inneren befinden sich die Proteine, die für die Atmungskette und Energiegewinnung wichtig sind. Die Hauptaufgabe der Mitochondrien nämlich ist, die Zellen mit Energie zu versorgen, deswegen werden sie umgangssprachlich auch als Kraftwerke bezeichnet. Zudem beteiligen sie sich an den

© Zellglück GmbH 2022
M. Göbbels, *Lebensziel: Glücklich sein*,
https://doi.org/10.1007/978-3-658-36901-9_4

Auf- und Umbauprozessen in der Zelle. Wir tun also gut daran, diese Energiekraftwerke mit dem Besten, was uns zur Verfügung steht, zu versorgen! Wissenschaftler nennen das „die Aufrechterhaltung der Zelle", die Homöostase [1].

Aber zurück zur Entstehung der Zellen: Was mit einer einzigen Verschmelzung zweier Zellen begann, entwickelte sich zu einem komplexen Netzwerk, bis die Zellen perfekt zusammenarbeiteten, bis sie wie Zahnräder ineinander passten. Sie formten sich, spezialisierten sich: Eine Zelle in Ihrem Herzen hat andere Aufgaben als eine Zelle in Ihrem Darm. Eine Leberzelle ist anspruchsvoll und benötigt 2000 Mitochondrien und mehr, eine Hautzelle ist da genügsamer. Dennoch trägt jede einzelne Zelle in ihrem Kern Ihre gesamte DNA, unabhängig von der Aufgabe und Position dieser Zelle. Um es deutlich zu sagen: In jeder Zelle liegt Ihr Potenzial zu einhundert Prozent. Eine Tatsache, die die Drehbuchschreiber des sonntäglichen Tatorts gerne in Szene setzen: Der Kommissar findet ein Haar im Bad oder einen Speichelabdruck auf einem Rotweinglas. Und schon kann er per DNA-Analyse das Profil des Täters entschlüsseln. Bis zu dessen Überführung vergehen dann, Sie können die Uhr danach stellen, in diesem TV-Format 30 Minuten. Nun geht es im wirklichen Leben eines Kripo-Beamten etwas aufwendiger zu, doch stimmt das Faktum: Sobald nur eine Zelle untersucht werden kann, sind genetische Bestimmungen möglich.

4.1   Ihr gesamtes Potenzial steckt in jeder einzelnen Zelle

Nun könnten Sie sich die Frage stellen, wieso entfaltet sich bei mir nicht mein ganzes Potenzial, wenn es doch in meiner DNA enthalten ist? Nun, das ist kultur-, umwelt- und erziehungsbedingt. Unsere Konditionierungen, Glaubenssätze, Wahrnehmungen stehen dem Entfaltungswunder im Weg. Man könnte sagen, das Leben hat unser wahres Potenzial „verwickelt".

Und die Kunst liegt darin, sich selbst und sein wahres Potenzial wieder zu ent-wickeln. Natürlich kommen nur wenige Menschen mit genetischen Möglichkeiten der Superlative auf die Welt. So mag es sein, dass die Umwelt, das Klima, die sozialen Bedingungen uns an der Entfaltung hindern oder dass uns schlichtweg manche Begabungen fehlen. Und oft verhindern wir selbst durch Nachlässigkeit, Bequemlichkeit, fehlende Willensstärke die eigene Potenzialentfaltung. Wir rufen nicht ab, was in uns ist.

Die gute Nachricht ist: Sie können an Ihrem Potenzial arbeiten. Wenn Sie darüber nachdenken, was Ihr(e) Talente, Sehnsüchte, Ziele sind, fangen Sie genau in diesem Moment an, Schritt für Schritt Ihre Wahrnehmung für Ihren inneren Bauplan zu stärken

Ich kann Ihnen vorhersagen, was dann geschehen wird: Sie treiben automatisch Ihre Zellgesundheit voran. Sie werden sehr sensibel für das, was Ihnen guttut, was Sie glücklich macht – und was Sie besser meiden sollten, um dieses Glück nie wieder zu gefährden.

Alles beginnt mit Ihren Gedanken, mit Ihrer Bewertung. Und immer folgt das Verhalten, das Handeln. Deshalb habe ich im vorigen Kapitel an Ihr Mindset appelliert:

- Wenn Sie heute an das denken, was Sie verändern möchten, wird bereits der Samen dazu gelegt.
- Der Gedanke wird einen Impuls an Ihre Zellen senden, die Kommunikation der Zellen verändert sich.
- Sie entwickeln einen Plan, einen Fortschritt im besten Sinne, und wenn Sie stetig daran arbeiten, bewegen Sie sich in eine gesunde, fröhliche und glückliche Richtung.

- Ihre Zellen lernen, sie speichern Ihr Verhalten ab.
- Das zufriedene Leben wird zu Ihrem Programm.
- Zufriedenheit wird zum Leitmotiv, zur Regieanweisung für Ihre Zellkerne.

Und das ist wunderbar! Denn dieses Motiv leitet Sie fortan durch Ihr Leben. Ihr Verhalten beeinflusst die Möglichkeiten Ihrer DNA, Sie befördern die Entfaltung Ihrer genetischen Möglichkeiten. Damit liegt es in Ihrer Hand, in welcher Tiefe und Dichte Sie den Bauplan Ihres Lebens nutzen und interpretieren. Sie entscheiden, wie Sie Ihre Gene ausleben.

Wenn Sie verstehen, dass Ihre Zellen samt Kern auf jedwede Umwelt- und Verhaltensänderung reagieren, dass Sie kraft Ihrer Gedanken und Ihres Verhaltens diese Reaktion regulieren können, sollte es nicht viel Überredungskunst bedürfen, damit Sie heute damit anfangen, gesund und zufrieden zu sein. Dazu schreibt das Wissenschaftsmagazin Spektrum:

> „Die Entdeckung der Epigenetik hat ein lang gehegtes Dogma der Biologie umgestoßen: die Idee, dass die Eigenschaften eines Organismus durch das bei der Geburt vererbte Genmaterial unveränderbar bestimmt wird. Tatsächlich erlaubt die Epigenetik selbst subtilen Umweltveränderungen den Zugriff auf unser Erbgut. Auch Krankheiten oder die Veränderung von Persönlichkeitsmerkmalen kann epigenetisch beeinflusst sein" [2].

Bedingungen, denen Sie sich aussetzen, beeinflussen also Ihren Organismus, die Funktionsweise Ihrer Zellen – und das kann vielleicht sogar Ihr Erbgut prägen. Auch wenn Ihre DNA, also die Gesamtheit Ihrer Gene, unverwechselbare Merkmale Ihrer Persönlichkeit aufweist, wenn sie festlegt, welche Größe, Haar- und Augenfarbe die Natur Ihnen schenkte, welche außergewöhnlichen Talent in Ihnen schlummern, so haben Sie dennoch einen gewissen Spielraum in der Ausgestaltung dieser Informationen, um an Ihrem ganz persönlichen Lebensplan zu schmieden. Tun Sie das! Ich finde, diese Botschaft der Wissenschaft ist Ihre Chance, zu verändern, was Sie stört. Denn offenbar sind Sie Ihrem genetischen Schicksal eben nicht ohne jeden bewussten Einfluss ausgeliefert: Das Leben ist gestaltbar, formbar und Sie selbst dürfen der Taktgeber darin sein. Um es auf den Punkt zu bringen: Optimieren Sie die Wechselwirkung zwischen Ihrem Leben und Ihren Zellen in Richtung persönliches Glück.

4.2 Ihre Zellen brauchen die richtigen Nährstoffe

Damit der Feinschliff am Glück gelingt, benötigen Ihre Zellen Nahrung auf der Makro- und der Mikroebene. Auf der Makroebene ein vollwertiges, ausgewogenes, biologisches Essen, die Zufuhr von Kohlenhydraten, Proteinen und Fetten. Auf der Mikroebene die Zuführung von Grundlagen, die den Stoffwechsel innerhalb der Zelle anregen, wie Vitaminen, Mineralstoffen, Spurenelementen, essenziellen Fett- und Aminosäuren. Sie alle sind notwendig, um die Funktion der Zellen zu stärken und eine antioxidative Wirkung zu erzeugen. Damit nicht genug. Ihre Zellen wollen ebenso das Setzen von wohldosierten Stressreizen, ein positives Mindset und schlichtweg das Verschieben von Grenzen, das Heraustreten aus Ihrer Komfortzone. Es ist die Lust, Veränderungen voranzutreiben und Ihren Zellen Glückssignale zu setzen. Die Summe all dieser Faktoren hält die Zellen stark. Und im Umkehrschluss heißt das: Wer keine Zellpflege betreibt, riskiert, dass seine

Zellen stumm und schwach werden, dass ihre Kommunikation nach innen und außen an Kraft verliert. Doch eine fehlerhafte Kommunikation führt zur Dysfunktion der Zellen. Irgendwann streiken die Mitochondrien – und spätestens dann haben Sie ein ernst zu nehmendes Problem!

Dabei ist die Sache in all ihrer Komplexität am Ende recht einfach einzusehen: Jede einzelne Zelle braucht Makro- und Mikronährstoffe. Die Makronährstoffe führen Sie mit Ihrer Nahrung zu. Sollte das einmal nicht perfekt gelingen, kann die Zelle das über einen langen Zeitraum verzeihen. Sie greift die Depots an, vorwiegend Ihre Fettreserven. Was die Zelle aber nicht verträgt, sind Bewegungsmüdigkeit und Sauerstoffmangel. Deshalb: Gehen Sie möglichst viel an die frische Luft, bewegen Sie sich im Freien. Öffnen Sie öfter mal ein Fenster. Atmen Sie tief und bewusst Sauerstoff ein – und Kohlendioxid wieder aus. Atmen Sie in den Bauch, lassen Sie Luft in den gesamten Körper. Hecheln Sie nicht im ungesunden Stress durch den Tag, denn das flacht den Atem ab. Sorgen Sie für Energie durch Ernährung, Bewegung, durch wohldosierte Stressreize (Stress ist immer auch das, was ihre Wahrnehmung draus macht), um Gewebe, Muskeln und Systeme in Schwung zu halten. Sie brauchen dafür keinesfalls die Pillen aus der Lifestyle-Industrie. Diese Branche will gar nicht, dass Sie sich verändern, ein Verständnis für die Grundlage der Gesundheit entwickeln und aus Ihrem vollen Potenzial schöpfen. Im Gegenteil: Die Produzenten und Verkäufer wollen, dass Sie so unzufrieden bleiben, wie Sie sind. Denn solange Sie an Ihrem Zustand festhalten, Ihre ungesunden Gewohnheiten pflegen, solange sie Eiweißshakes aus dem Reformhaus mischen und denken, nun sei die Traumfigur nur noch einige TV-Runden auf dem Sofa entfernt, so lange werden die Konzerne reich – und Sie nicht schlanker. Und sollte tatsächlich nach dem Eiweißdrink aus der Packung das eine oder andere Kilo purzeln, ist das von kurzer Dauer. Der Jo-Jo-Effekt setzt ein, sobald Sie wieder wie gewohnt essen. Von Ausgewogenheit in der Ernährung, von vollwertiger, biologischer Kost sind Sie mit diesen Drinks weit, sehr weit entfernt. Sie kaufen mit dem Pulver nur den Traum ein, nicht die erarbeitete, tragfähige Wirklichkeit. Es ist eben doch natürlicher, sich die Nährstoffe aus einer knackigen roten Paprika, aus Hülsenfrüchten im Eintopf oder einem Bio-Steak zuzuführen als aus einem industriell und vermutlich mit Konservierungs-, Farb- und Geschmacksstoffen versehenen chemischen Cocktail.

4.3 Abnehmen, dass gar die Badehose rutscht

Um wie viel abenteuerlicher es ist, die eigenen Fettdepots in körperlicher und mentaler Herausforderung abzubauen, habe ich selbst auf einer meiner ersten Kilimandscharo-Reisen erfahren. Bevor der Aufstieg beginnen sollte, sammelte ich Kraft in einem Hotel mit Swimmingpool. Auch nach der Bergbesteigung, die keinerlei Komfort kennt, so dachte ich, wäre ein Zimmer mit Bad und Service angenehm. Gedacht, getan, ich buchte das Hotel – und kaufte zuvor eine perfekt sitzende Badehose. Ich gebe es zu, in Sachen Sportklamotten bin ich eitel. Ich ließ also das Basisgepäck im Hotel und begab mich auf die Tour. Schon während des Abstiegs dachte ich an den ersten Sprung in den Swimmingpool. Mir ist in guter Erinnerung geblieben, dass ich mich trotz der Müdigkeit in meinen Knochen auf eine berauschende Weise fit fühlte. Angekommen im Hotel, nahm ich erst eine Dusche, dann schlüpfte ich in die Designer-Badehose und ging schnurstracks zum Pool. Ich sprang übermütig in das türkisblaue Wasser, am Rand lagen die Sonnenanbeter mit ihren Drinks, sahen mir über die Sonnenbrillen hinweg zu, als es geschah: Ich tauchte ohne Badehose wieder auf. Die war gerutscht, schwamm neben mir, war zu groß geworden in den acht Tagen meiner Bergbesteigung. Nun bin ich mit einer Portion Humor gesegnet und auch mit Optimismus. Also freute ich mich zunächst über die offensichtliche Gewichtsreduktion und winkte den erstaunten Gästen am Rande zu. Manche winkten zurück, andere sahen schamhaft zur Seite. Dann arbeitete mein Coachinghirn, stellte sich die Frage, wie sich meine Figur in nur einer Woche derart verändern konnte. Muskelmasse konnte ich nicht verloren haben. Flüssigkeitsmangel kam auch nicht in Frage. Auf einen ausgeglichenen Wasserhaushalt hatte ich geachtet, denn das stellt eine der wichtigsten Präventivmaßnahmen gegen die sogenannte Höhenkrankheit dar. Blieb Fettabbau. Kaum zu Hause angekommen, stieg ich auf meine Impedanzanalyse-Waage. Die zeigt das Gewicht in der Zusammensetzung von Knochen, Wasser, Muskeln und Körperfett an – und lieferte den Beweis für meine Vermutung: Ich hatte massiv Körperfett verloren. Die Erklärung war schnell gefunden. Der Körper produzierte in der Höhe mehr rote Blutkörperchen, quasi als Antwort auf den niedrigen Luftdruck und die damit niedrigere Sauerstoffzufuhr in den Zellen. Zum Ausgleich zapft er primär die Fettdepots, nicht die Zuckerreserven an. Das war ein Schutz der Zellen, um den Mitochondrien Energiegrundstoffe zu liefern. Mich hat diese Flexibilität des Körpers tief beeindruckt. Zieht der Körper in unseren Höhengraden erst an den Zuckerreserven, so verstoffwechselt er mit zunehmender Höhe immer mehr Fett! Fette liefern mehr Energie für die Arbeit der Mitochondrien zur Produktion von ATP.

Seit dieser Einsicht nutze ich für Kunden, die abnehmen möchten, diese natürliche Unterstützung. Ich simuliere mit

Hilfe einer Hypoxieanlage einen Stressreiz für den Körper, wie er sonst nur im Gebirge erreicht wird. Damit kurbele ich die natürliche Fettverbrennung an. Die Regeneration setzt ein. Die roten Blutkörperchen vermehren sich, die Fettverbrennung wird hochgefahren. Die Biofabrik Körper ist im Aktivitätsmodus. Ich rate Ihnen allerdings dringend, diesen simulierten Ausflug in die Höhe nicht ohne eine Expertenbegleitung zu unternehmen. Denn je höher Sie steigen, desto dünner wird die Luft! Als Beginn der Todeszone gilt allgemein eine Höhe von 8000 Metern. Überreizen kann tödlich sein, wenn es das Gleichgewicht der Zellen massiv stört. Nur gut dosierte Reize bewirken Antrieb, Wachstum, positive Veränderung. Hier gilt die Regel: Ohne Reize keine chemische Reaktion, ohne chemische Reaktion keine Aktivität der Zelle. Aber wie so oft gilt auch hier, dass die Dosis über Gift oder Glück entscheidet. Denn zu viel vom Gleichen wirkt sich negativ auf die Zellen aus. Meiden Sie deshalb extreme Temperaturen, Gifte, Lärm, Unter- oder Überdruck der Luft, geminderten Sauerstoffgehalt, Schmutz und schlechte Hygiene, Erschütterungen, ungesundes Essen usw. Nehmen die Rezeptoren innerhalb und außerhalb der Zellen diese schädlichen Reize auf, beeinflusst das Ihre Gene und von dort werden Ihre gesamten Systeme in Mitleidenschaft gezogen.

4.4 Aufregung abwehren

Ihr Körper und Ihr Geist sind ein Ganzes, nicht losgelöst voneinander zu betrachten, es ist die Einheit aus Bewegungs-, Atmungs-, Fortpflanzungs-, Verdauungs-, Herz-Kreislauf-, Hormon-, Immun-, Nerven-, Lymphsystem. Jedes Rädchen greift vom Kleinen bis zum Großen ineinander. Schmieren Sie jedes dieser Rädchen mit Achtsam-

keit. Und wenn ich am Ende dieses Kapitels eine Bitte äußern darf, dann ist es die folgende: Vergiften Sie Ihre Zellen,
Ihren Körper, Ihren Geist nicht mit Ärger, Wut, Zorn, mit
all dem schädlichen Stress, den wir ungefiltert in die Zellen
lassen, weil zwischenmenschliche Misstöne uns den Tag
versauen.

Wenn Ihr Chef brüllt, dann schweigen Sie. Regen Sie
sich nicht auf, brüllen Sie nicht zurück. Sagen Sie sich:

> „Dieses Gift ist deines, ich nehme es nicht an." Mit Auf-
> regung lösen Sie ohnehin kein Problem.

Denn jede negative Aufregung ist ein Glücksfresser in
Ihren Zellen, und je mehr Sie davon anhäufen, umso
schlechter wird die Leistung dieser kleinsten Bausteine in
Ihnen. Irgendwann ist das Gift nicht mehr zu bewältigen,
kommt die zelleigene Putzkolonne nicht mehr hinterher.
Freude und Leichtigkeit gehen verloren. Wenn sich nichts
ändert, schieben Sie das langsame, aber unaufhaltsame Sterben der Zellen an.

Mit Aufregung lösen Sie ohnehin kein Problem. Besser
ist es, durchzuatmen, an die eigenen Zellen zu denken und
sie mit Sauerstoff zu versorgen. Menschen sind nicht gemacht für einen chronischen Stress, den viele täglich ertragen. Das ist ähnlich wie beim Bergsteigen; je höher Sie
kommen, je mehr Sie sich zumuten, desto eher gelangen Sie
in die Todeszone – dann tendiert der Faktor Lebensglück,
den Sie anstreben, gegen Null.

Bevor wir Ihren aktuellen Glücksfaktor ermitteln und im
Weiteren durch konkretes Arbeiten die drei Regler zum
Glück – Bewegung, Ernährung und mentale Stärke – justieren, möchte ich Ihnen einen Satz zur Versöhnung mit
sich selbst geben. Er soll Ihnen helfen, nach Stress und Aufregung wieder die Leichtigkeit zurückzugewinnen.

Als ehemaliger Fußballcoach beim HSV war die Stimmung nach jedem verlorenen Spiel im Keller. Man hätte die Luft zerschneiden können, so dick war die, zur Erfrischung der Zellen jedenfalls eignete sie sich nicht. Ich sah in die Gesichter der Jungs, sah ihre geknickte Körperhaltung. Sie hatten alles gegeben, um zu siegen, es war nicht genug gewesen. Aber wem nützte diese Selbstkasteiung, wem die Aufregung? Niemandem. Im Gegenteil! Die Vorwürfe gingen in die Zellen, hinterließen dort Spuren. Das, so wusste ich, sollte verhindert werden, damit sich das Verlieren nicht festsetzte. Ich sagte: „Das Spiel ist vorbei. Am Ergebnis ist nichts mehr zu ändern. Seid wie Profis. Seht nach vorne."

Sie können rückwirkend keinen Einfluss nehmen. Die Chance war da – und ist nun verspielt. Das neue Spiel beginnt. Das ist die Haltung der Profis. Damit richten Sie Ihre Aufmerksamkeit auf den Zeitpunkt im Hier und Jetzt. Nicht zurück. Nur hier und jetzt können Sie etwas für die Zukunft verändern. Ein einziger Gedanke reicht aus, um den Prozess in Gang zu setzen. Die Zellen werden Ihnen diese Haltung danken.

Literatur

1. Homöostase – Lexikon der Ernährung. In: Spektrum der Wissenschaft – Spektrum.de. https://www.spektrum.de/lexikon/ernaehrung/homoeostase/4081. Zugegriffen am 10.12.2021
2. Epigenetik. In: Spektrum der Wissenschaft – Spektrum.de. https://www.spektrum.de/thema/epigenetik/1191602. Zugegriffen am 10.12.2021

5

Ihr persönlicher Glücksfaktor

„Eigentlich bin ich gesund, aber …"
„Mir könnte es gut gehen, nur …"
„Ich tue, was ich kann, und doch …"
So und ähnlich lauten die Sätze meiner Kundinnen und
Kunden im Erstgespräch. Diese Sätze lassen mich auf-
horchen, denn sie verraten mir: Irgendetwas läuft nicht
rund im Getriebe des Alltags. An einer verdeckten Stelle
hakt das, was wir Gesundheit nennen. Da gibt es kleine
Malaisen. Vielleicht eine Verspannung im Nacken. Da wird
anhaltender Stress hingenommen. Und man denkt, die
Einschlafprobleme verschwinden wieder, oder man nimmt
die latente Unzufriedenheit kaum wahr. Auch nimmt
man an Gewicht zu und überhaupt fühlt man sich schneller

Ergänzende Information Die elektronische Version dieses Kapitels enthält
Zusatzmaterial, auf das über folgenden Link zugegriffen werden kann [https://
doi.org/10.1007/978-3-658-36901-9_5]. Die Videos lassen sich durch
Anklicken des DOI Links in der Legende einer entsprechenden Abbildung
abspielen, oder indem Sie diesen Link mit der SN More Media App scannen.

erschöpft als noch vor wenigen Jahren. Alles kein Drama, aber doch störend – und gefährlich.

Es sind die leisen, anfangs nur vagen Signale, die Ihre Zellen senden, bevor eine gesundheitliche Abwärtsspirale sich zu drehen beginnt. Erst kommt das ungute Gefühl, dann der Zweifel. Was folgt, sind Stress, Resignation, Krankheit. Deshalb nehme ich diese Sätze sehr ernst und begrüße es, wenn Kunden bereits in dieser Phase des leisen Zweifelns zu mir kommen, um Unterstützung zu finden.

Eine Diagnose ist in diesem Stadium der Unsicherheit, Unzufriedenheit, der diffusen, beginnenden Sorgen schwer zu stellen. Meist winkt der Kunde, angesprochen auf seine Empfindungen, sogar ab und sagt: „Ach, das renkt sich schon wieder ein." Aber damit gebe ich mich nicht zufrieden. Denn Sätze wie „Eigentlich bin ich gesund, aber …", die fordern einen Gesundheitscoach geradezu auf, genau hinzusehen. Denn er weiß: Noch funktionieren die Körpersysteme, wenngleich in einem angestrengten Modus. Ähnlich wie das Verschleppen einer Rechnung, die zur Mahnung, zur Klage führen kann, so kann ein Ignorieren der unterschwelligen Zellsignale zur Krankheit werden. Deshalb ist eine meiner ersten Fragen an den Kunden: „Haben Sie eine Ahnung, was Ihre Unzufriedenheit auslöst?" Dabei habe ich festgestellt, dass mehr als 90 Prozent meiner Kunden auf Anhieb nicht benennen können, wo die Gründe für die Disbalance liegen. Sie zucken mit den Schultern, antworten: „Es ist nur so ein Gefühl. Irgendetwas stimmt nicht. Aber ich weiß nicht, was es sein könnte."

5.1   Vorsicht vor Unzufriedenheit!

Lange bevor sich konkrete körperliche Beschwerden zeigen, etabliert sich eine permanente Reizbarkeit, die bei Missachten in Niedergeschlagenheit mündet. Anfangs hofft man, es handele sich um eine vorübergehende mentale Unpässlichkeit. Aber Vorsicht: Wer sich in seiner Unzufriedenheit einrichtet, trainiert sie täglich. Er verlernt, zu verändern, was stört. Dabei ist es eigentlich leicht, einer beginnenden Unzufriedenheit auf die Schliche zu kommen und sie zu beheben. Ich meine damit nicht das Schlucken von Tabletten. Es ist als Gesundheitscoach nicht meine Aufgabe, einen hohen Blutdruck, Diabetes oder eine Herzrhythmusstörung zu diagnostizieren. Das gehört in Medizinerhände. Vielmehr will ich früher intervenieren, will mehr Vorsorge als Therapie verschreiben. Ich will da sein, wenn die ersten Sätze fallen wie: „Ich habe mich auf meinen Urlaub gefreut, aber kaum war ich am Traumziel, wurde ich krank." All das sind Zeichen für eine ernst zu nehmende Erschöpfung, für das Schwächeln der mentalen Gesundheit. Und genau diesen Bereich klammern Mediziner häufig aus, wenn sie ihre Diagnosen stellen. Sie betrachten den Körper und seine Funktionsfähigkeit. Sie erkennen Haltungsschäden und aufgrund von Laborwerten wahrscheinliche Ernährungssünden. Was aber versteckt, tief unter der Haut, den Muskeln, hinter den Organen liegt, das sehen sie häufig nicht, denn das ist von unsichtbarer Struktur. Es sind die Gedanken, die Sie leiten. Es sind Ihre Emotionen, die den Zellen bestimmte Signale geben.

5.2 Die Harmonie von Körper und Geist

So stand ich am Anfang meiner Karriere vor den Kunden, hörte zu, zog Schlüsse, verließ mich auf ihre Wahrnehmung. Nur, das lernte ich bald, die subjektive Wahrnehmung des Kunden unterlag der Tagesform. Sie bildete kein ganzheitliches, messbares Ergebnis ab. Ich kam mir teilweise vor, als befände ich mich in einer Navigation ohne Satelliten-empfang. Ich gab den Weg ein, ohne das Ziel konkret definieren zu können. Zwar brachten mich die Fragen nach dem Lifestyle des Kunden ein Stück weiter, doch blieb immer ein blinder Fleck auf der Navigationsstrecke, den ich mit Fantasie und Erfahrung füllen musste. Das war mir zu wenig. Ich wollte ein objektives Verfahren, um den Zustand der Zellen bereits in einem Erstgespräch zu erkennen. Ich wollte unabhängig von der Offenheit, der Gewissenhaftigkeit, der Interpretationsfähigkeit meiner Kunden eine Zelldiagnose stellen. Auf der körperlichen Seite ging es mir um das Messen der Zellenergie. Dazu brauchte ich Anhaltspunkte, um einen Bewegungs-Ernährungs-Status zu berechnen, um die Regenerationsfähigkeit des Körpers zu erkennen. Auf der mentalen Ebene, in die ich den seelischen Zustand einschloss, brauchte ich ein Wahrnehmungsraster, um die Stärke der Psyche einzuschätzen. Kurzum: Mir ging es um die Ermittlung eines validen Ist-Zustandes als Grundlage für weiteres Arbeiten. Meine Idee war es, einen ersten wissenschaftlich fundierten Fragebogen zu erarbeiten. Mit einem Entwurf wandte ich mich an den Immunologen Dr. Jens Freese, schilderte ihm mein Anliegen. Als Sport- und Ernährungswissenschaftler befasst er sich zudem mit der Leistungsoptimierung. Er war von der ersten Minute unseres Gespräches an für die Idee aufgeschlossen, dass jegliche Leistung, Zufriedenheit, jegliches Glück im Leben mit der Gesundheit der Zellen beginnt.

In der Folgewoche erstellten und verfeinerten wir den Fragebogen, um die Themen Bewegung und Ernährung, mentale Stärke und soziale Beziehungen abzubilden. Aus den Antworten der Kunden, so unsere Absicht, sollte ein erster konkreter Eindruck von Ihrem Allgemeinstatus herzuleiten sein. Was folgen sollte, war ein Plan, der genau dort ansetzt, wo Defizite herrschen. Wir wollten die Ursache direkt adressieren, nicht an Symptomen doktern. Es sollte eine individuell erstellte, auf genau jene Zellfunktionen meines Kunden feinabgestimmte Methode sein. Heraus kam ein Test mit 60 Fragen. Seither habe ich mit meiner Methode in über 11.000 Coaching-Stunden Menschen begleitet, um Ihnen zu helfen, mehr Alltagsenergie zu entwickeln. Wenn also am Anfang die Anamnese, die Zellmethodenfragen sowie die Erfassung der gesamten Vitalparameter stehen, so steuern wir im Folgenden ein besseres Körpergefühl, eine bessere Körperwahrnehmung, ein besseres Wohlbefinden an. Wir erhöhen die Energie durch gezielte Stressreize – und handeln aufmerksam, wenn sich Reize in schädlichen Stress verwandeln. Denn immer geht es um das perfekte Austarieren der Dualität von Reiz und Pause, von Anspannung und Entspannung, von positiven und negativen Aspekten.

Beispiel Ute

Noch heute staune ich darüber, was diese Methode der Fragen und die daraus resultierende Wahrnehmungsveränderung bewirken kann. Ich erinnere mich zum Beispiel an Ute, eine Frau um die 40. Sie kam zu mir mit dem üblichen Satz auf den Lippen: „Ich bin unzufrieden, dabei geht es mir eigentlich gut. Aber was mich stört, das sind meine fünf Kilo zu viel auf den Hüften." Mir war bereits in den ersten Minuten klar, dass ihr Unglück nicht an fünf Kilo Übergewicht hing. Es schien mir eher, dass sie unter mangelndem Selbstbewusstsein litt. Das verrieten ihre nach vorn gezogenen Schultern, ihre leise Stimme, die schlaffen Handbewegungen. Auch entschuldigte sie sich häufig, bevor sie das Wort ergriff. Der Fragebogen verriet Defizite in einer ausgewogenen Ernährung, zudem bewegte sich Ute zu wenig. Da setzten wir an: 30 Minuten Bewegung täglich und zwei Mal pro Woche einen grünen Smoothie zum Frühstück. Kuchen gab es nicht mehr jeden Tag, sondern nur noch zweimal in der Woche. Sie machte mit, mit aller Konsequenz! Das Ergebnis war beeindruckend. Innerhalb von acht Wochen nahm Ute nicht nur ab, sondern durch das Sportprogramm straffte sie ihre Konturen. Sie wurde mit jedem Mal selbstbewusster, nahm in Gesprächen mehr Raum ein. Und gegen Ende unserer Zusammenarbeit nach einem halben Jahr verriet sie mir mit strahlendem Gesicht, sie habe sich von ihrem Partner getrennt. „Endlich. Ich hätte es viel früher tun sollen, aber ich traute mich nicht. Ich dachte tatsächlich, ich müsse in seiner negativen Energie ein ganzes Leben lang bleiben." Ein Jahr später schrieb sie mir eine Karte mit nur einem Satz: „Ich habe mich wieder verliebt und es fühlt sich wunderbar an – Danke für alles." Ich schmunzelte und dachte, dass ich lediglich den ersten Schubser gegeben hatte, alles andere war ihre eigene Leistung. Denn eine körperliche Veränderung bringt auch eine geistige Veränderung mit sich. Alles spielt zusammen. Alles fügt sich entsprechend der Zellenergie. Ein einziger Schritt in die Veränderung bedeutet: Sie drehen sich ein Stück von Ihrer Routine fort. Sie sehen, gehen, richten Ihre Aufmerksamkeit in eine andere Richtung. In diesem Moment verlassen Sie Ihr altes Muster.

Gehen Sie diesen Weg, trauen Sie sich vorwärts, raus aus der Starre, der Routine, dem ewigen Einerlei. Bewegung bringt Bewegung! Bewegung setzt den Anfang einer jeden Einwicklung! Wichtig bleibt allerdings die Frage, die vor jeder Bewegung stehen sollte: In welche Richtung setze ich den ersten Schritt?

5.3   Der 360°-Blick auf die aktuelle Situation

Der folgende Selbsttest gibt Ihnen einen Hinweis, in welchem Bereich Ihre Zellenergie defizitär fließt: Bewegung und Ernährung, mentale Stärke und soziale Beziehungen sollten passgenau ineinandergreifen, sollten sich gegenseitig verstärken. Wenn in einem Bereich eine Blockade besteht, können Ihre Systeme nicht rundlaufen. Deshalb bietet mein Test einen 360°-Blick auf Ihre aktuelle Situation. Es mag sein, dass Sie aktuell körperlich gesund sind, aber unter einer latenten Einsamkeit leiden. Das ist besonders in Corona-Zeiten ein Problem. Vor allem Singles und alte Menschen sehnen sich nach sozialen Kontakten und können wenig mit den rigiden Geselligkeitsverboten anfangen. Sie leiden. Sie werden niedergeschlagen und es ist nur eine Frage der Zeit, wann diese Symptome der Psyche auf den Körper übergehen. Psychosomatische Beschwerden sind nahezu errechenbar, und es ist gut, frühzeitig ein Bewusstsein dafür zu erzeugen. Auch hier heißt dann das Motto: Nicht in eine Routine der Einsamkeit drängen lassen, sondern alles, wirklich alles daransetzen, die Defizite im Rahmen des Möglichen zu beheben. Zuweilen ist Fantasie gefragt, zugegeben. Aber ich habe oft erfahren, dass die einmal definierten Ursachen einer Krise zu außergewöhnlichen Aktionen führen können.

Beispiel Uwe

Mein Kunde Uwe hatte bei einem Unfall eine langwierige Fußverletzung davongetragen. Das zwang ihn zur Ruhe, zur Reflexion, zu dem Impuls, sein Leben zu verändern. Er zog Bilanz und stellte unter dem Strich fest: Er schuftete für sein Unternehmen, das kurz vor der Pleite stand. Er lebte in einer Beziehung, in der von Liebe keine Rede sein konnte. Er hatte sich in den 50 Jahren seines Lebens nie aus seinem Geburtsort verabschiedet. Diese Einsichten machten ihn traurig. Zwar war er für einige Wochen zur Bewegungslosigkeit gezwungen, doch setzte er bereits während der Heilungsphase gedanklich sehr viel in Bewegung. Er stellte sich vor, wie es wäre, neu anzufangen. Ohne diesen Klotz der drohenden Pleite am Bein. Ohne die seit vielen Jahren vergiftete Beziehung. Und aus den Gedanken wurden Gefühle, wurde als erster Schritt ein Plan. Heute lebt er nicht mehr in seinem kleinen Geburtsort, er ist aufgebrochen nach Wien. Heute sagt er, er sei als Angestellter glücklich und alles andere werde sich finden.

Nun müssen Sie nicht gleich Ihr gesamtes Leben derart umkrempeln, wenn Sie ein Energiedefizit in meinem Test feststellen, aber ich verspreche Ihnen: Sie werden sehr bewusst an Ihrer Energie arbeiten und damit die Harmonie der drei Bereiche wiederherstellen. Sie werden zukünftig Fehltritte vorhersehen und früher als üblich Ihre Richtung verändern, wenn das für Ihre Zellenergie vonnöten ist.

5.4 30 Fragen zu Ihrem Zellglück – Ein Selbsttest

Nachfolgend finden Sie 30 ausgewählte Fragen aus dem Zellglücktest, um Sie zu einem Selbstcoaching zu motivieren. Denn entgegen vielen meiner Kollegen bin ich nicht der Meinung, dass jede Sorge, jede kleine Krise in Expertenhände gehört. Oft reicht ein Trigger aus, um sich selbst auf einen bewegungsreichen, gesundheitsfördernden Weg zu machen. Die Lösung liegt in Ihnen. Sie werden den richtigen Schritt setzen.

Wie steht es um Ihr Zellglück?
Nehmen Sie sich fünfzehn Minuten Zeit, sorgen Sie für eine ungestörte Atmosphäre. Beantworten Sie die folgenden Fragen spontan und ehrlich. Nur dann werden Sie erkennen, welche Bereiche in Ihrem Alltag vergiftet sind und einer Änderung bedürfen.

Frage zur Zellenergie	ja	nein
Fühlen Sie sich energiegeladen genug, um Ihre Alltagsaufgaben zu meistern?		
Besitzen Sie genügend Energie, um sich täglich körperlich zu bewegen?		
Empfinden Sie ausreichend Energie, um mentale Herausforderungen anzunehmen?		
Trinken Sie weniger als drei Tassen Kaffee täglich?		

Frage zur Zellenergie	ja	nein
Essen Sie weniger als drei Mal wöchentlich Süßigkeiten oder Kuchen?		
Trinken Sie weniger als drei Mal wöchentlich Alkohol?		
Essen Sie täglich frisch gekochte Lebensmittel?		
Essen Sie weniger als drei Mal wöchentlich Fast Food?		
Trinken Sie mindestens zwei Liter stilles Mineralwasser täglich?		
Essen Sie täglich frisches Obst und Gemüse?		
Haben Sie selten oder nie Nacken- oder Rückenschmerzen?		
Bewegen Sie sich täglich mehr als 30 Minuten?		
Haben Sie Freude am Sport?		
Machen Sie mindestens zwei Mal wöchentlich Sport?		
Verbringen Sie regelmäßig Zeit in der Natur?		
Schlafen Sie mehr als sechs Stunden in der Nacht?		
Schlafen Sie ohne Probleme ein?		
Fühlen Sie sich morgens nach dem Aufwachen erholt?		
Machen Sie tagsüber bewusst eine Pause?		
Fühlen Sie sich nach dem Wochenende erholt?		
Freuen Sie sich morgens auf Ihre Arbeit?		
Gehen Sie mit Überlastung am Arbeitsplatz gelassen um?		
Können Sie bei dem, was Sie tun, Ihre Talente und Stärken entfalten?		
Erkennen Sie einen Sinn in dem, was Sie tun?		
Können Sie gut mit Kritik umgehen?		
Werden Sie zu Beginn Ihres Urlaubs selten oder nie krank?		
Spüren Sie eine permanente innere Zufriedenheit?		
Möchten Sie in Ihrem Leben noch etwas erreichen?		
Gibt es in Ihrem Leben ein klar formuliertes Ziel?		
Freuen Sie sich auf das, was noch kommen mag?		

Eine Online-Version dieses Selbsttests finden Sie unter www. zellglueck.com/selbsttest

- 1 bis 10 Mal mit Ja geantwortet:

Der Weg zum Zellglück beginnt mit dem ersten Schritt.
Leider sind Sie noch nicht zellglücklich.

Sie sollten in Ihrem Leben noch an einigen Stellschrauben drehen, um wirklich zufrieden zu werden. Am besten gehen Sie langsam vor, indem Sie sich vornehmen, ab sofort die Defizite zu beheben. Jedes Nein in dem Test bietet Ihnen einen Ansatzpunkt.

- 11 bis 20 Mal mit Ja geantwortet

Sie sind auf dem richtigen Weg, um zellglücklich zu werden.

Sie haben bereits einige gute Angewohnheiten, die Sie auf Ihrem Weg zum Zellglück unterstützen.

Trotzdem gibt es noch großes Verbesserungspotenzial, um wirklich zellglücklich zu werden. Bleiben Sie dran, arbeiten Sie an der Balance der drei Bereiche Bewegung und Ernährung, mentale Stärke und soziale Beziehungen.

- 21 bis 30 Mal mit Ja geantwortet

Herzlichen Glückwunsch.

Sie sind auf dem besten Weg, ein zellglückliches Leben zu führen.

Aber wie Sie vermutlich wissen, ist das Bessere der Feind des Guten. Es gibt noch einige Stellschrauben, an denen Sie drehen können, um ein optimales Zellglück zu erreichen. Bleiben Sie dran, lassen Sie nicht nach (Video Abb. 5.1).

Abb. 5.1 Was ist Gesundheit eigentlich? Foto + Video: Zellglück GmbH (▶ https://doi.org/10.1007/000-6dh)

6

Der Dreiklang zum Zellglück

Das Gehirn ist ein Faszinosum und vermutlich werden wir seine immense Leistungskraft niemals wissenschaftlich durchdringen. Eingefaltet zwischen den Schädelknochen verbirgt sich darin, was wir denken, erfahren, erinnern, wonach wir streben, wovon wir träumen. Dafür sind rund 86 Milliarden Gehirnzellen verantwortlich und jede Einzelne ist wiederum mit vielen tausend Weiteren verbunden. Diese Netzwerke entstehen und weiten sich aus, wenn wir lernen, wenn uns Neues widerfährt und wir es verarbeiten. Hingegen werden Verbindungen wieder aufgelöst, wenn sie nicht mehr bedient werden. Das ist der Grund, warum Sie zum Beispiel eine Fremdsprache verlernen, mathematische Formeln vergessen, nach langer Pause ein Instrument nicht

Ergänzende Information Die elektronische Version dieses Kapitels enthält Zusatzmaterial, auf das über folgenden Link zugegriffen werden kann [https://doi.org/10.1007/978-3-658-36901-9_6]. Die Videos lassen sich durch Anklicken des DOI Links in der Legende einer entsprechenden Abbildung abspielen, oder indem Sie diesen Link mit der SN More Media App scannen.

mehr beherrschen. Sollten Sie sich aber heute dazu entschließen, zum Beispiel eine Sportart zu erlernen, entstehen neue Netzwerke in Ihrem Gehirn. Zunächst zarte, instabile Verbindungen, aber mit beständigem Üben werden sie fester und tragfähiger. Das alles gelingt Ihrem Gehirn unter Einsatz minimaler Energie: Gerade mal rund 20 Watt benötigt es, um seine Denkprozesse in Fahrt zu bringen. „Vergleicht man diesen Wert nun mit den momentan schnellsten Supercomputern [...] erhält man einen Faktor von einer halben Million. Das heißt, unser Gehirn benötigt rund 500.000 Mal weniger Leistung als ein solcher Hochleistungsrechner" [1].

Damit das gelingen kann, benötigt Ihr Gehirn Sauerstoff und Glukose, zudem Herausforderungen für Körper und Geist. Es braucht den Wechsel von Schlafen und Wachen, von Helligkeit und Dunkelheit. Es will keinen übermäßigen Lärm, keine Umweltgifte, kein schädliches Essen. Es meldet sich, wenn der Alltag nicht zur eigenen Gedankenwelt, Erfahrung und Intuition passt. Dann reagiert es mit schlechten Träumen und Gereiztheit. Wenn wir solche Hinweise ignorieren, kann es übrigens geschehen, dass auch die Muskeln und Organe, die Zellen rebellieren. In diesem Fall sprechen wir von psychosomatischen Symptomen. Die Psyche gibt die Warnsignale an den Körper weiter, damit wir ändern, was nicht zu uns passt. Erst verspannen die Muskeln. Dann werden Gelenke anfällig für Entzündungen. Magen-Darm-Probleme, Herz- und Kreislaufstörungen sind oft die Folge.

Im Prinzip gibt es für Sie und mich und für jeden anderen Menschen dieser Erde nur zwei Möglichkeiten: Entweder Sie fördern Ihre geistige und körperliche Gesundheit oder Sie vernachlässigen sie. Entweder wollen Sie das Beste aus diesem Leben machen, wozu Sie fähig sind. Oder Sie lassen die Dinge laufen, auch wenn sie für Sie schädlich

sind. Nur diese Möglichkeiten haben Sie. Leben oder Überleben. Lichtschalter ein oder Lichtschalter aus. Ohne Anstrengung kein Preis. Ohne Einsatz kein Sieg. Sie können
sich bewusst für die Gesundheit entscheiden oder Sie tragen irgendwann für Nachlässigkeiten die Konsequenzen.
Ich weiß, das klingt hart, aber so sind die Spielregeln des
Lebens. Denken Sie zum Beispiel ständig an Gefahr, Krankheit, Einsamkeit, jammern Sie sich durch die Tage, dann
wird Ihr Gehirn diese Form des destruktiven Verhaltens annehmen. Es stellt entsprechende Netzwerke her, feuert seine
Energie auf diesen Bahnen. Irgendwann haben Sie kaum
noch ein Gespür dafür, dass alles auch ganz anders und vor
allem viel besser sein könnte. Gehen Sie nämlich in die
Haltung der Liebe – der Liebe zu Ihrem Beruf, Ihren Aufgaben, Ihrem ganzen Sein – formt sich Ihr Gehirn in dieser
Weise. Sie bleiben aktiv, positiv gestimmt. Sie sagen Ja zum
Leben und das erzeugt eine Dankbarkeit für das, was ist.
Dann werden Ihnen die negativen Emotionen wie Gier,
Hoffnungslosigkeit, Enttäuschung, Scham, Erniedrigung
fremd. Denn Sie sorgen für sich und Ihr Wohlgefühl. Wie
Sie diesen Zustand erreichen können, erfahren Sie in die-
sem Kapitel.

Ein Plan für Ihr Wohlgefühl

Wohlgefühl entsteht, sobald Ihre Zellen gesund sind, Energie erzeugen und jedes Körpersystem auf hohem Niveau
arbeiten kann. Um das zu erreichen, müssen Sie – und das
ist eine Wahrheit – den Hintern vom Sofa heben und aktiv
werden. Konkret: Sie brauchen einen Plan für Ihre Gesundheit. Sollten Sie nun die Augen verdrehen und denken, es
gebe schon genug Pläne in Ihrem Alltag wie Finanzplan,
Zeitplan, Aufgabenplan, dann haben Sie vermutlich recht.
Und doch beharre ich auf einem Wohlfühlplan. Verstehen
Sie die folgenden Bereiche dieses Kapitels bitte als Pflicht-

teil für Ihre Gesundheit! Geben Sie Bewegung, Ernährung, mentaler Stärke und auch Ihren Beziehungen Priorität! Arbeiten Sie täglich an diesem Wohlfühlplan. Ich verspreche Ihnen mehr innere und äußere Kraft und vor allem die Fähigkeit, sich auf das Wesentliche zu fokussieren. Sie werden sich eine unsichtbare Abwehrschicht zulegen, die alles abperlen lässt, was stört, beeinträchtigt, was Sie am guten Leben hindert. Sie werden eine Sensibilität für positive und für negative Situationen entwickeln und werden die Entscheidungsfähigkeit trainieren, augenblicklich negative Pfade zu verlassen, wenn diese Ihre innere Balance gefährden. Eine solche Klarheit kann Sie durch Krisen tragen.

Exkurs: Corona-Krise

Auch wenn zahlreiche Menschen über die Einschränkungen und Regelungen klagen, die die Corona-Pandemie uns Welle für Welle auferlegt, habe ich dazu eine andere Einstellung. Die lautet: Wir können mit Schimpfen und Jammern das Virus nicht fernhalten. Es ist da. Die Gefahr ist messbar. Die Konsequenzen zu seiner Vermeidung sind lästig. Sie sollten deshalb die noch möglichen Freiräume nutzen, sollten sich mit aller Kraft körperlich und mental gesund halten. Sie können sich auch während der Pandemie vollwertig und gesund ernähren, trotz geschlossener Restaurants. Auch wenn die Fitnessstudios aus Gründen der erhöhten Ansteckungsgefahr nicht öffnen dürfen: Auf Bewegung müssen Sie nicht verzichten. Generell bin ich sowieso kein Freund davon, die Fitness von Geräten und Kursen abhängig zu machen. In meinem Coachingcenter in Luxemburg finden Sie kaum Fitnessgeräte. Meine Meinung dazu mag die Inhaber solcher Studios ärgern, aber doch weiß ich: Das Trainieren mit dem eigenen Körpergewicht ist für die allermeisten Menschen ausreichend, um die Gesundheit zu verbessern. Es reicht für ihre Gesundheit völlig aus, wenn Sie Ihr eigenes Körpergewicht in alle

Himmelsrichtungen gegen die Schwerkraft stemmen und täglich eine halbe Stunde im Park spazieren gehen, Fahrrad fahren oder mal beim Tanzen nach Ihren Lieblingssongs im Flur, in der Küche oder im Wohnzimmer außer Atem geraten. Sit-ups für die Kräftigung der Bauchmuskulatur und anschließendes Dehnen als kleine tägliche Einheit hält Sie kostenfrei fit.

Bleibt der eingeschränkte soziale Aspekt aufgrund der Kontaktreduzierungen. Ja, besonders für Singles sind es schwierige Zeiten. Menschen sind nicht für die Einsamkeit gemacht, sie sind Herdentiere! Ich kann die Verzweiflung verstehen. Nur: Was wird damit erreicht? Das Gehirn verfestigt diese Not als permanente Emotion, was auf Dauer dazu führt, dass Sie sich als Opfer fühlen. Dabei wünsche ich Ihnen, dass Sie Ihre Gestalterrolle im Leben nie aufgeben, unter gar keinen Umständen. Bewerten Sie die Situation daher als Herausforderung. Halten Sie durch und sagen Sie sich: Negativer Stress schadet nur meinen Zellen. Und dann üben Sie die innere Kehrtwende, lassen Sie jegliche trüben oder gar destruktiven Gedanken hinter sich, indem Sie sich fragen:

- Wie kann ich diese einsame Zeit mit Aktivitäten füllen, die ich bereits lange vor mir hergeschoben habe?
- Wie kann es mir gelingen, das Beste aus dieser Lage zu machen?

Werden Sie zu Ihrem eigenen neutralen Beobachter, indem Sie sich selbst aus der Ferne sehen: Wie wollen Sie wirken? Wie ein Häufchen Elend oder wie jemand, der sich wie ein Bambus biegt, aber nicht zerbricht? Es liegt nur an Ihnen, wie Sie durch solche und ähnliche Krisen kommen. Niemand hindert Sie daran, sich trotz widriger Umstände gesund zu ernähren, sich zu bewegen, Gedankenhygiene zu betreiben. Träumen Sie vom nächsten Urlaub, vom nächsten Abenteuer. Nutzen Sie Ihre Fantasie, um die Situation ein wenig heller werden zu lassen. Ihre Wahrnehmung entscheidet darüber, welchen Wert Sie der Krise in Ihrem Leben geben! Der Rheinländer sagt: *Et kütt wie et kütt – et hätt noch immer jot jejange* (es kommt wie es kommt – es ist noch immer gutgegangen).

Natürlich ist die soziale Einschränkung für die seelische Gesundheit nicht ungefährlich. Bewegung, Ernährung, mentale Stärke können wir alleine aufrechterhalten, aber das Verbot, andere Menschen zu treffen, führt zu Einschnitten im Wohlgefühl. Unsere Zellverbände sind nun mal auf Kommunikation angelegt. Sie benötigen die innere Verbindung mit den Muskeln, Organen, die Verknüpfung mit allen Systemen des Körpers – und ebenso sind die Zellen auf eine Kommunikation im Außen angewiesen. Das habe ich auf dem Jakobsweg, dem Pilgerweg der Entsagung, gespürt. Selten war ich derart auf mich zurückgeworfen. Da gab es nur die Monotonie des Gehens, die Kargheit der Landschaft, die Einsamkeit mit den eigenen Gedanken. Das ist Meditation in Dauerschleife, ab einem gewissen Punkt scheinbar kaum mehr zu ertragen. Aber wenn wir diesen Punkt aushalten, gar überschreiten, dann kommen wir in Berührung mit fast vergessenen Wunden der Seele, dann heilt, was wir viel zu lange unbeachtet ließen. Diese schmerzende Stelle in sich selbst zu berühren, erfordert Stille und Einsamkeit. So können Kontaktreduzierungen bis hin zum Lockdown auch Chancen für diese Art der Heilung bieten. Die Gedanken und Gefühle fokussieren sich. Zunächst mögen sie noch unsortiert umherspringen, einen Ausweg aus der Monotonie suchen. Aber bald schon verschwindet Unwichtiges – das Essenzielle tritt in den Vordergrund. Ich habe erst auf dem Pilgerweg die tiefere Bedeutung des Satzes erkannt: Der Weg ist das Ziel.

Versöhnung auf dem Jakobsweg

Es war 2006, als ich mich entschloss, den Pilgerweg zu gehen. In knapp vier Wochen, so mein Plan, wollte ich 880 Kilometer weit wandern. Ich hätte den Grund vor meinem Aufbruch nicht genau benennen können. Dachte ich vordergründig, ich wolle mir selbst beweisen, Hitze, Trockenheit, Entbehrung auszuhalten und damit meine sportliche Komponente unter Beweis zu stellen, so sollte ich auf diesem Weg anderes erfahren.

Ausgestattet mit minimalem Gepäck brach ich auf. Anfangs hätte ich ein Lied pfeifen können, so locker durchschritt ich die spanischen Hochebenen, aber bald schon merkte ich, wie sich meine Zellen nach Gesellschaft sehnten, wie ich meine Eindrücke teilen wollte. Nur: Da war niemand neben mir, keiner hätte zugehört, niemand mit mir gestaunt über die robuste, vertrocknete Erde, über die ich nun schon seit einer Woche ging. „Okay", dachte ich, „halte ich mal Einsamkeit aus." Wer mich kennt, der weiß, wie gesellig ich bin, wie gerne ich mitteile, was ich weiß, was ich erlebe. So ging ich von Unterkunft zu Unterkunft, legte mich in Sammelschlafsäle, kam mit dem niedrigen Standard klar und übersah bewusst die teilweise unhygienischen Bedingungen. Bald ließ ich von dem Vorsatz ab, jeden Tag 30 Kilometer hinter mich zu bringen. Vielmehr richtete ich mich nach meinen Befindlichkeiten. Fühlte ich mich müde und schlecht gelaunt, wanderte ich lediglich neun Kilometer. Nach zwei Wochen spürte ich eine pauschale Unlust, überhaupt weiterzugehen. Warum tat ich mir das alles an? Warum ging ich durch den Staub, die Hitze, langweilte mich in dieser kargen Landschaft? Selbst dieses nötige Gepäck von wenigen Kilogramm wog plötzlich schwer und überhaupt schmerzten die Füße. Blasen hatten sich geöffnet. Die wenigen Menschen, die mir begegneten, schienen Ähnliches zu denken, denn außer

einem Gruß: „Buen camino", einen guten Weg, hörte ich
kein Wort von ihnen. Niemand, der bereit war zu reden, zu
lachen. Jeder war nach innen gewandt. Man litt auf dem
Pilgerweg. Ich ging weiter, schleppte mich lustlos steinige
Anhöhen hinauf – und plötzlich änderte sich unerwartet
etwas in mir. Gedankenbilder stiegen auf. Ich hatte sie viele,
viele Jahre in mein Unterbewusstsein verbannt, wollte sie
nicht sehen, nie wieder damit konfrontiert werden. Aber
die Bilder wurden mit jedem Schritt konturenreicher, größer in mir. Es gab keine Ablenkung, keine Flucht, nur diesen schmalen, steinigen Pilgerweg. Und diese Bilder. Es
waren Erinnerungen an meine Mutter, die sich das Leben
nahm, als ich jung war. Sie hatte ihre Depressionen nicht
überwinden können, konnte keine Zukunft in ihrem Leben
sehen. Ich ging weiter, immer weiter, nahm diesen Schmerz
mit. Tränen brannten in den Augen. Und während ich ging,
kein Mensch in meiner Nähe, die Sonne brannte durch das
Hemd, durch die Haut, brannte bis in meine Seele, da
konnte ich annehmen, was damals geschah. Ich habe mich
mit meiner Mutter, die mich als Jugendlichen alleinließ,
ausgesöhnt. Alle Steine dieses Weges hätten die Last nicht
aufwiegen können, die mir da von der Seele fiel. Und als ich
abends auf einer kleinen Steinmauer mich endlich nieder-
ließ, da entdeckte ich unter den Pilgern eine einbeinige
Frau auf Krücken. Gut gelaunt bewegte sie sich auf einem
Bein vorwärts, grüßte mich mit einem breiten Lächeln, als
sie mich erschöpft auf der Mauer sitzen sah – und ver-
schwand mit beeindruckendem Tempo. Und da schämte
ich mich. Für all die Wehleidigkeit, die ich bis hierher emp-
funden hatte. Für meine Fluchtgedanken aus der Einsamkeit. Für das Ignorieren der inneren Bilder über eine viel zu
lange Zeit. Dankbarkeit machte sich breit, die bis in meine
Zellen reichte. Dafür, dass ich mich mit meiner Mutter
posthum versöhnen durfte. Dafür, dass ich mit beiden Bei-

nen und gesund durch mein Leben gehen durfte. Dafür, dass ich diesen Weg gehen durfte, in meinem Tempo und ganz allein.

Wenn mir heute einer sagt, er habe den Jakobsweg in Rekordzeit hinter sich gebracht, in weniger als drei Wochen Santiago de Compostela erreicht, dann beeindruckt mich das nicht. Denn auf diesem Pilgerweg geht es, wie auch im Leben, nicht darum, das Ziel zu erreichen. Essenziell ist es, die Bilder, die das Unterbewusstsein an die Oberfläche hebt, anzunehmen, zu verarbeiten – sich selbst wieder zu begegnen, sich Zeit zu nehmen für die Fragen: Wie soll eigentlich mein Lebensweg in Zukunft aussehen? Bin ich bei dem, was ich tue, noch mit dem Herzen dabei? Macht dieser Weg noch Sinn für mich?

Wer auf seinem persönlichen, eigenen Weg durchs Leben geht, erträgt Krisen und Schwierigkeiten leichter. Die Spirale aus Selbstmitleid und Jammern hat keine Chance und aufgeben kommt nicht in Frage.

Seither sage ich mir in schwierigen Phasen: Geh weiter, halte durch. Bleib auf deinem Weg.

Mit dieser Einstellung habe ich meinen Langmut entwickelt. An diesem Buch zum Beispiel, das Sie gerade in den Händen halten, habe ich fünfeinhalb Jahre geschrieben. In dieser Zeitspanne haben wir unsere Kinder bekommen, ein Haus gebaut, war ich Co-Trainer beim HSV, habe meine Firma in Luxemburg gegründet, aber von diesem Herzensprojekt nie abgelassen. Es kommt nicht auf das Tempo an, nicht darauf, atemlos durch die Aufgaben zu hetzen. Dranbleiben! lautet vielmehr das Motto. Halten Sie an dem fest, was Ihnen wichtig ist, empfinden Sie Freude an dem, was Sie tun. Solange Sie dies nicht aufgeben, sind Sie nicht gescheitert. Denn Aufgeben ist der einzige Weg, um sein Ziel nicht zu erreichen, solange Sie dran bleiben, haben Sie noch lange nicht verloren!

6.1 Die Basis: Ernährung und Bewegung

Dass ich die Bereiche Bewegung und Ernährung zusammenfasse, hat einen Sinn. Denn betrachte ich die sich verändernden Angewohnheiten in der Gesellschaft, dann stelle ich fest: Bewegung findet auf dem Sofa statt, indem sich hin und wieder die Sitzhaltung verschiebt oder die Beine vom Boden auf den Hocker gehoben werden.

Wer nach einem anstrengenden Bürotag nach Hause kommt, der fühlt sich meist müde, abgeschlafft – und denkt, er findet Entspannung vor dem Fernseher oder bei einem Glas Wein und einem Buch in der Hand. Nun habe ich nichts gegen Filme, sie ziehen uns in andere Lebenswelten hinein, versprechen Abenteuer und Zerstreuung. Schon gar nicht will ich etwas gegen Lektüre sagen! Bücher bilden, gute Bücher machen glücklich! Wogegen ich mich wende, ist der nahtlose Übergang von der sitzenden Tätigkeit im Büro zum sitzenden Transport im Auto, Bus oder Zug und zur sitzenden Entspannung zu Hause. Dazwischen fehlt dann der Reiz für die Zellen. Ohne Bewegung lahmen die Zellen. Sie werden sauerstoffarm. Die Mitochondrien sind kaum mehr in der Lage, ATP zu produzieren und Ihre Gesundheit anzukurbeln. Und wenn zu diesem Umstand noch industriell hergestellte, mit chemischen Zusatzstoffen angereicherte Snacks auf dem Tablett neben dem Sofa stehen, dann tun Sie wirklich sehr, sehr viel, um Ihren Zellen zu schaden.

→ Hand aufs Herz: Wie oft kommen Sie gestresst nach Hause und wollen nur noch Ruhe auf dem Sofa finden? Tun Sie das bitte nicht. Widerstehen Sie diesem Impuls, der schneller zur Gewohnheit wird, als Ihr Snack-Fett sich auf den Hüften festsetzen kann.

Zwar bin ich kein Freund einer allumfassenden Öko-
mission. Mir ist es lieber, Sie gehen hin und wieder gut gelaunt zu McDonalds als mit ausgezehrtem Blick und
schlechter Laune in den Bioladen. Ich finde, wer die Regeln
kennt, darf sie auch manchmal brechen. Das gehört zur
Flexibilität.

Nur kennen viele diese Regeln der Bewegung und Ernährung nicht und aus dem Regelbruch in lockerer Reihenfolge wird ein Dauerzustand. Das ist ungesund! Das gibt
Ihrem Glück keinen Vorschub. Vielmehr wird auf Dauer
eines geschehen: Sie trainieren nicht Ihren Körper, sondern
die Bequemlichkeit. Ihre Muskeln erschlaffen, die Sehnen
verkürzen sich, das Gewicht steigt und damit parallel die
Unzufriedenheit. Mit der Unzufriedenheit fügen Sie den
Zellen ein weiteres, psychologisch gemixtes Gift hinzu. Auf
Dauer landen Sie im Stress wegen nicht mehr vollumfäng-
lich fleißiger Zellen. Dieser Prozess ist schleichend. Er setzt
längst nicht ein, wenn Sie hin und wieder Fünfe gerade sein
lassen und sich auf eine Tiefkühlpizza mit einer Tüte
Kartoffelchips zum Nachtisch freuen und sich dabei sagen:
Keinen einzigen Schritt bewege ich mich für den Rest des
Abends mehr. Richtig, manchmal muss man jede Pflicht
zur Seite drücken und das Gefühl haben, nichts sei wichtig,
außer das Rumlümmeln auf der Couch. Nur sollte das die
Ausnahme bleiben, eben ein Regelbruch, der Ihnen ein ver-
schmitztes Lächeln ins Gesicht malt.

Jede Bewegung im Alltag ist gut!
Wenn ich meine Kunden im Erstgespräch frage, ob sie
regelmäßig Sport treiben, dann höre ich Antworten wie:
„Wann denn bitte schön nach einem Vierzehnstundentag?"
oder „Es ist mir zu teuer, Mitglied im Fitnessstudio zu sein"
oder „Ich habe keine Lust auf weitere Termine wie Yoga,
Spinning, Krafttraining im Kalender". Das verstehe ich

und bin der Meinung: Nicht die Mitgliedschaft im Fitnessstudio ist nötig, um dem Alltag eine sportliche Komponente hinzuzufügen. Was zählt, ist einzig Ihr Mindset! Wer sich bewegen will und über Arme, Beine, Muskeltonus verfügt, der kann alleine mit positiven Gedanken dem Sport das gute Gefühl voraussenden. Konkret bedeutet das: Sie bewerten Bewegung wie ein Geschenk. Sie müssen keine Perfektion im Laufstil zeigen, keine Eleganz beim Yoga. Tun Sie es einfach. In Ihrem Stil. Freuen Sie sich an der Art, die Ihnen zu eigen ist, sich zu bewegen! Es gibt kein Misslingen. Wie immer Sie sich bewegen, es ist gut. Und auf dieser Basis nehmen Sie jetzt bitte ein Blatt zur Hand und einen Stift. Machen Sie einen Vertrag mit sich selbst, und darin steht:

> „An jedem, wirklich jedem Tag bewege ich mich 30 Minuten lang. Es gibt keine Ausnahme, solange ich gesund bin." Unterschreiben Sie diesen Satz. Und sagen Sie sich, dass Sie sich vertrauen können, dass Sie sich selbst gegenüber niemals wortbrüchig werden.

30 Minuten Bewegung klingt nicht viel. Es ist der Fußweg zum Bäcker und zurück. Es ist das Treppensteigen mehrmals am Tag, statt den Aufzug zu nutzen. Es sind das Tanzen zu einigen Liedern am Abend im Wohnzimmer oder der Abendspaziergang rund um Ihr Quartier. Es ist die Gartenarbeit, um den Kopf freizubekommen von dem Grübeln um die beruflichen Aufgaben, oder es ist das Toben mit den Kindern auf dem Spielplatz. Wenn Sie möchten, ist es auch der Sex mit Ihrem Partner/Ihrer Partnerin. Wie immer Sie sich bewegen möchten, tun Sie es, 30 Minuten jeden Tag, bevor Sie auf dem Sofa Platz nehmen und den Tag mit einem Gespräch oder einer Lektüre beenden. Sie leisten damit einen wesentlichen Beitrag zu Ihrer Jugendlichkeit.

Das Altern im genetischen Programm

Bedenken Sie, dass der Mensch darauf programmiert ist, zu altern. Haben wir nach der Geburt Zellen im Überfluss, bilden sich sehr früh die Netzwerke im Gehirn, baut sich auf und stimmt sich in feiner Weise aufeinander ab, was wir Körpersysteme nennen, so lässt diese Herrlichkeit bereits ab dem 30. Lebensjahr nach. Sie können diesen Alterungsprozess verlangsamen, indem Sie jede Schonhaltung vermeiden: Stressimpulse setzen lautet die Formel. Alles andere hält Sie in der Routine und Bequemlichkeit. Ich vermute, das wollen Sie nicht. In Ihnen brennt die Idee, dem Leben alle Chancen abzutrotzen, in die Fülle aller Möglichkeiten zu greifen. Vital und lebendig, so wollen Ihre Zellen sein – und auch für Sie sind diese beiden Adjektive ein Versprechen.

Ich will Sie aufrütteln, Ihnen klarmachen, dass Ihre Gene, dieser wunderbare Bauplan für Ihr Leben, in jeder einzelnen Zelle sitzen. Um das volle Potenzial in Ihnen zu entfalten, gilt es, diesen Zellen Bewegung und Ernährung auf dem besten Level hinzuzufügen. Und dieses Level heißt für Sie, vom Anfänger der 30-Minuten-Regel zum Fortgeschrittenen der Zellgesundheit zu werden.

Drei Kategorien der Bewegung sollten Sie dazu zwei Mal wöchentlich bedienen: Herz-Kreislauf-Training, Haltung und Kraft sowie Flexibilität.

Wechseltraining für Fortgeschrittene

Wenn ich Sie zuvor gebeten habe, sich aus Gründen der Gesunderhaltung 30 Minuten täglich zu bewegen, so stellt das für mich ein Minimum dar. Weniger sollten Sie sich keinesfalls bewegen! Meine nachfolgenden Tipps für körperliche Fitness umfassen deshalb ein ansteigendes Programm, das auf Kondition, Muskelaufbau, Dehnbarkeit der Sehnen und auch die fortlaufende Erhöhung Ihrer Kondition abzielt.

Aerobes Training: Anstrengung unerwünscht

Entscheiden Sie sich, täglich 30 Minuten spazieren zu gehen oder Fahrrad zu fahren. Vier bis fünf Kilometer können Sie bei mäßigem Tempo zu Fuß zurücklegen, auf dem Rad entsprechend mehr. Für Ihren Körper bedeutet das Folgendes:

- Sie belasten durch diese Bewegung Ihr Herz- und Kreislaufsystem.
- Sie gewährleisten die Zu- und Abfuhr der Nährstoffe in den Zellen.
- Sie unterstützen die Arbeit Ihrer Mitochondrien durch erhöhte Sauerstoffaufnahme, damit die ATP-Produktion nicht ins Stocken gerät.
- Durch Bewegung trainieren Sie den gesamten Muskelapparat, was Verspannungen und Schonhaltungen vorbeugt und Ihre Haltung verbessert.

→ Diese 30-Minuten-Bewegung täglich verstehen Experten als aerobes Training. Sie bewegen sich in einer entspannten Weise. Sie geraten nicht außer Atem. Sie können sprechen, während Sie gehen, gelangen nicht in eine Schnapp- oder Pressatmung. Wenn Sie diesem Gehen eine meditative Komponente hinzufügen möchten, dann atmen Sie regelmäßig auf vier Schritte ein und auf vier Schritte aus. Experten sprechen hier von einer Achtsamkeitsmeditation.

Anaerobes Training: Schwitzen für die Fitness

Jagen Sie Ihren Puls zwei Mal wöchentlich hoch, am besten an der frischen Luft. Mit Tanzen, Joggen, Boxen, Spinning, Seilspringen setzen Sie einen Reiz, der die Leistungsfähigkeit erhöht. Wichtig ist: Finden Sie eine Sportart, die Ihnen Spaß macht und die Sie zugleich fordert!

- Wenn Sie joggen, setzen Sie zwischendurch zum Sprint an; wenn Sie schwimmen, trauen Sie sich, mit hohem Tempo zu kraulen. Beim Spinning erhöhen Sie für ein zeitliches Intervall Ihren Einsatz.
- Bringen Sie für wenige Minuten Ihren Herzschlag auf Hochtouren, um dann wieder in einen langsameren Modus zurückzufallen.

Haltungstraining: Bewegen und Stärken der Muskeln

Entlasten Sie Ihr Knochengerüst, indem Sie Ihre Muskulatur aufbauen. Bleiben Sie geschmeidig, indem Sie die Sehnen dehnen. Dass wir an Verspannungen und Schmerzen leiden, liegt oft an einem unterentwickelten Halteapparat. Die Folgen sind u. a. eine Schon- und Schutzhaltung, Kopfschmerzen, ein gekrümmter Rücken und nicht selten Gelenkbeschwerden. Mein Appell an Sie: Halten Sie sich gerade, finden Sie die Nullposition, um Ihre Wirbelsäule gesund zu erhalten.

Stellen Sie sich vor, Sie setzen Legosteine übereinander, jedes Steinchen baut parallel auf einem anderen auf. So sollten auch Ihre Wirbel zueinander stehen. Leider verhindern das täglich hundertfache Starren auf das Handy, das gebeugte Sitzen vor Rechnern die aufrechte Körperhaltung. Machen Sie sich das bewusst und korrigieren Sie sich. Und vor allem: Entlasten Sie Ihre Knochen durch Muskelaufbau.

660 Muskeln sind dazu da, Sie stark zu machen. Wie ein Orchester stimmen diese ihre intermuskuläre Koordination an, wenn Sie als Dirigent die Muskelbewegungsmusik trainieren! Andersherum gilt: Wenn Sie Muskelgruppen vernachlässigen, schweigen diese in Ihrem Orchester. Sie bringen keine Leistung mehr, werden lahm. Ihre Aufgabe als Muskel-Dirigent ist es, die Tonqualität zu erhöhen, den Takt zum Einsatz vorzugeben. Und damit diese Töne sehr gut klingen, dürfen die Sehnen nicht verkleben. Deshalb pflegen Sie diese, indem Sie Faszienrollen einsetzen und Dehnübungen in Ihr Bewegungsprogramm aufnehmen. Auch eine Selbstmassage wie das Klopfen und Zupfen vom Fuß bis zu den Schultern bringt Lockerheit und erhöht die Durchblutung.

Trainieren Sie Ihre Muskeln und Sehnen zweimal wöchentlich.

- Wählen Sie natürliche Übungen auf der Grundlage Ihres eigenen Körpergewichts. Das Stemmen an Geräten im Fitnessstudio ist nicht nötig.
- Kniebeugen, Liegestützen, Sit-ups zählen zu den effektiven Übungen.
- Dehnübungen oder das Anwenden von weichen Faszienrollen sind sinnvoll.

→ Auch Ihre Muskelzellen kennen nur den Aufbau oder Abbau! Sie entscheiden, ob Sie bis ins Alter hinein fit und leistungsfähig bleiben. Das Setzen von Stressreizen ist auch hier die Formel für Erfolg.

Mein Vorschlag für Ihr wöchentliches Fitnesstraining:
Erster Tag:

- Aktivierung siehe Video (Abb. 6.1)
- Dehnen der Muskeln und Sehnen
- 30 Minuten aerobes, gemäßigtes Bewegen

Zweiter Tag:

- Aktivierung siehe Video (Abb. 6.1)
- 10 Minuten Mobilisieren und Stabilisieren der Muskeln
- 30 Minuten aerobes, gemäßigtes Bewegen

Dritter Tag:

- 30 Minuten anaerobes Training

Vierter Tag:

- Mobilisieren und Dehnen der Muskeln und Sehnen
- Aktivierung siehe Video (Abb. 6.1)
- 30 Minuten aerobes, gemäßigtes Bewegen

Fünfter Tag:

- Aktivierung siehe Video (Abb. 6.1)
- 30 Minuten anaerobes Training

Sechster Tag:

- 30 Minuten aerobes, gemäßigtes Bewegen
- Leichtes Krafttraining mit eigenem Körpergewicht. Kniebeuge – Liegestütze – Sit-ups

Siebter Tag:

- Pause

Ernährung: unaufwendig, aber effektiv!

Es gibt wohl kaum einen Ratgebermarkt, der so sehr überschwemmt ist wie der Markt für Ernährungsratgeber. Die Empfehlungen sind mannigfaltig; von vegan bis vegeta-

Abb. 6.1 Aktivierungsübungen für Sitzathleten. Foto + Video: Zellglück GmbH (▶ https://doi.org/10.1007/000-6dk)

risch, von High- bis Low-Carb – also reich oder arm an Kohlenhydraten – werden Sie alles finden, wonach Sie suchen. Und mittlerweile findet sich kaum noch jemand in diesem Dschungel der Empfehlungen zurecht. Ich will Sie deshalb nicht mit all diesen widersprüchlichen Aussagen verwirren, sondern Ihnen kurz und knapp meine Art der Ernährung darlegen: Für mich ist eine gute Ernährung eine solche, die Ihre Zellgesundheit stärkt. Ernährung soll Ihnen Energie geben – und nicht rauben. Komplizierte Ernährungsprogramme und Kalorienzählen habe ich bewusst aus meinem Alltag gestrichen, denn es lenkt die Energie weg vom Leben hin zu kleinteiligen Tabellen, das ist in meinen Augen nicht nutzbringend fürs Lebensglück.

Entscheidend für Ihre Zellgesundheit bleibt die Qualität der Ernährung. Essen Sie biologisch, nicht industriell aufbereitet, verzichten Sie auf Nahrungsmittel mit chemischen Zusätzen, -! Geben Sie generell pflanzlichen Produkten vor tierischen den Vorrang. Essen Sie saisonal und wenn möglich regional. Fragen Sie sich immer: Wächst das, was ich esse, an Sträuchern oder Bäumen? Hat es Tageslicht gesehen? Gummibärchen, Kartoffelchips, Kellogg's Crunchies tun das nicht! Da hat vielmehr die Lebensmittelindustrie ihre Finger im Spiel, um den eigenen Profit zu erhöhen – und sei es zulasten Ihrer Gesundheit. Ihre Zellen lieben das nicht. Die verlangen nach einem Glas grünem Smoothie. Was immer Ihnen schmeckt, mixen Sie es – Hauptsache, der Großteil ist Gemüse wie Spinat, Salate, Löwenzahn, Wildkräuter, rote Beete, Möhren usw. – angereichert mit Lein- oder Hanföl und einer Frucht schmecken solche Powerdrinks wirklich vorzüglich. Als ich Co-Trainer beim HSV war, habe ich grüne Smoothies auf den Ernährungsplan gesetzt. Es gibt kaum etwas, was Ihre Zellleistung nachhaltiger steigert.

Auf dem Buchmarkt finden Sie viele gute Rezeptbücher für grüne Smoothies.

Nachts erfolgt die Reinigung

Während Sie schlafen, entgiften Sie. Was immer Sie tagsüber getrunken, gegessen, erlebt, verarbeitet haben, nachts wird in Körper und Geist aufgeräumt. Alle Systeme werden auf Reset gestellt, um am nächsten Tag wieder leistungsfähig zu arbeiten. Ihr Gehirn filtert das Erlebte, baut seine Strukturen um und transportiert Giftstoffe ab. Ihre Zellen, Ihre Muskeln, Gewebe, Organe tun das Gleiche.

Damit das ungehindert geschehen kann, sollten Sie nicht mit gefülltem Magen schlafen gehen, denn dann laufen die Prozesse verlangsamt ab. Besser ist es, Sie essen morgens viel und abends wenig und nach 18:00 Uhr gar nichts mehr.

Ich halte wenig davon, morgens nach dem Aufstehen zuerst zur Kaffeemaschine zu schleichen und ein, zwei Tassen des koffeinhaltigen Getränkes zuzuführen. Das ist in etwa so, als würden Sie in ein frisches Putzwasser eine Ladung altes Spülwasser kippen.

Ich empfehle meinen Kunden, morgens zuerst ein großes Glas Mineralwasser mit einer frischen ausgedrückten Zitrone zu trinken. Damit kann Ihr Körper die restlichen Giftstoffe der Nacht abtransportieren, Sie bringen die Zellen in Schwung und den Körper in eine basische Grundstimmung. Nach 30 Minuten darf dann der erste Kaffeeduft des Tages durch die Wohnung strömen. Wenn Sie mich nun fragen, wie es mit dem Gläschen Wein am Abend aussieht, dann bin ich mir sicher: Sie werden mit meinem Bewegungs- und Ernährungsplan zunehmend mehr Sensibilität für das erhalten, was Ihnen bekommt. Hin und wieder, da kennen Sie mich nun, dürfen Sie den Sidestep setzen. Denn Glück entsteht nicht durch ständigen Verzicht. Was nutzt es, wenn Sie später auf dem Friedhof der gesündeste Tote sind? Besser ist es, ein vitales, fröhliches, manchmal über die Stränge schlagendes Leben anzustreben.

Makro- und Mikroebene der Ernährung

Was Sie auf der Makroebene essen, wird auf der Mikroebene die Gesundheit Ihrer Zellen beeinflussen. Diese Wechselbeziehung machen sich leider viele Menschen nicht klar, wenn sie sich für industriell gefertigte Nahrung entscheiden. Fertiggerichte, bearbeitete und mit Zusatz- und Geschmacksstoffen versehene Lebensmittel liefern Ihnen aber nicht, was Ihre Zellen glücklich macht. Sie füttern den Körper zwar mit Kalorien, aber sehen wir einmal genauer hin: Wenn die Zelle mehr Kalorien erhält, als sie zur Energiegewinnung benötigt, dann verweigert sie die Verarbeitung von Kohlenhydraten, Fetten und Proteinen – und speichert das Übermaß für schlechte Zeiten in Fettzellen an. Das ist evolutionsbedingt, denn früher war es nicht sicher, wann ein Jäger das nächste Tier zerlegen konnte. Heute sieht die Sache anders aus: Kalorien sind jederzeit verfügbar. Sie müssen die Zellen nicht überstrapazieren und für Hungerzeiten vorbeugen. Aber noch etwas geschieht, wenn Sie sich im Übermaß von industrieller Kost ernähren: Obwohl Sie an Gewicht zunehmen, verhungern die Zellen! Ihnen fehlen die gesunden, für die Energiegewinnung wichtigen Mikronährstoffe. Die nämlich sind in industriell bearbeiteten Lebensmitteln kaum mehr vorhanden.

Dabei braucht die Zelle 47 Mikronährstoffe, um biochemisch zu funktionieren. Schon das Fehlen eines einzigen Mikronährstoffes bringt eine Disbalance mit sich. Und in der Konsequenz ist die Zelle nicht mehr fähig, aus der zugeführten Makro-Energie den Kraftstoff ATP zu produzieren. Das kann erhebliche Auswirkungen auf Ihr Wohlgefühl nach sich ziehen. Wenn zum Beispiel die Aminosäure Tryptophan fehlen sollte, die Ihnen z. B. Nüsse und grünes Gemüse und auch Linsen liefern, kann die Zelle kein Serotonin erzeugen. Dieses dient dazu, Ihre Stimmung auszugleichen und einen Beitrag zur Gesundheit Ihres Darms zu leisten. Deshalb sollte die Farbe Grün in Ihrem Kühlschrank überwiegen. Essen Sie viel Gemüse und trinken Sie regelmäßig grüne Smoothies. Ihre Zellen danken es Ihnen.

Die besten Tipps für Ihre gesunde Zellernährung sind:

- Essen Sie Gemüse – täglich!
- Achtung: Obst enthält Fruchtzucker, bitte nicht mehr als drei Früchte täglich essen.
- Trinken Sie 1,5 bis 2 Liter Mineralwasser am Tag.
- Essen Sie regelmäßig in einem Acht-Stunden-Fenster, dreimal täglich und zwischendurch ein Stück Obst. Ihr Darm wird es Ihnen danken – und auch Ihr Gehirn –, wenn zwischen der letzten und ersten Mahlzeit 16 Stunden liegen. Stichwort Selbstreinigung (Autophagie, siehe Video Abb. 6.2)
- Verzichten Sie auf Zuckriges, soweit es geht. Auch Weizenprodukte sind wegen des Glutengehalts nur in Maßen zu empfehlen.
- Softgetränke, Alkohol, bearbeitete Kuhmilch sollten Sie vom Speiseplan streichen und Fast Food, also industriell und mit Zusatzstoffen versehene Gerichte, nicht mehr als zwei Mal wöchentlich zu sich nehmen.

→ 47 Funktionsstoffe benötigt Ihre Zelle, um gesund zu sein. Sie gewinnt diese aus der Nahrung, die Sie ihr zuführen. Mit einer

Abb. 6.2 Warum regelmäßiges Fasten wichtig ist. Foto + Video: Zellglück GmbH (▶ https://doi.org/10.1007/000-6dj)

ausgewogenen, pflanzenreichen Ernährung können Sie den Nährstoffbedarf weitgehend abdecken. Dennoch halte ich es für sinnvoll, Magnesium, Vitamin D$_3$, Omega-3-Fettsäuren, z. B. als Fischöl, regelmäßig als Ergänzung einzunehmen, im Winter zusätzlich Zink und Selen.

6.2 Mentale Stärke – Die Kraft der inneren Bilder

Als Coach und Trainer bin ich seit 2020 damit konfrontiert, dass die mentale Kraft meiner Kunden schwächelt. Sie sind die Masken vor den Gesichtern während der Corona-Pandemie Leid. Auch die Einschränkungen wie Homeoffice, 2G, 3G, Ausgangssperre und Kontaktbeschränkungen bis zum Lockdown des gesamten kulturellen und gesellschaftlichen Lebens machen sie fertig. Sie fühlen sich oft hilflos und traurig ob all der Regeln und Verbote. Doch machen Sie, lieber Leser, sich bewusst, dass Sie auch unter diesen Bedingungen für die bestmögliche Gestaltung Ihres veränderten Alltags verantwortlich sind.

Mein Rat: Denken Sie sich den Alltag schön, lassen Sie Ihre Vorstellungskraft über die aktuellen Einschränkungen einer Krise hinwegfliegen. Sie sind mit einer Fantasie gesegnet, die Sie schützen, die Ihnen Bilder der Zuversicht liefern kann. Stellen Sie sich vor, wie Sie z. B. auf Ihrer Terrasse sitzen, umgeben von Ihren Freunden. Die Musik spielt im Hintergrund, der Duft von gutem Essen zieht zu Ihnen hinüber. Sie lachen mit Ihren Freunden, machen Pläne für einen gemeinsamen Urlaub. Augenblicklich wird Ihre Stimmung steigen, denn Ihr Gehirn unterscheidet nicht zwischen Wirklichkeit und Fantasie! Es setzt bei solchen Bildern Endorphine frei – egal, ob Sie tatsächlich zwischen Freunden sitzen oder ob Sie davon träumen. So können Sie die Spirale der schlechten Gefühle unterbrechen. Sie selbst lenken Ihre Aufmerksamkeit. Sie sind der Regisseur Ihrer Gedanken. Sie bestimmen den Verlauf und damit das Signal für die Zusammensetzung Ihrer Botenstoffe. Wenn Sie sich das bewusst machen, halten Sie das Grundrezept für Glück in der Hand. Gute Gedanken erzeugen gute Gefühle, gute Energie, eine gute Zellgesundheit. Das übrigens wiesen Wissenschaftler des Max-Planck-Instituts für Kognitions- und Neurowissenschaften gemeinsam mit ihren Kollegen von der Harvard-Universität nach. Dort heißt es:

„Wir zeigen in unserer Studie, wie reine Vorstellungen dazu führen, dass Dinge positiver bewertet werden. Eine wichtige Frage ist aber auch, welche Folgen dieser Mechanismus etwa für Menschen hat, die sich eher negative Vorstellungen von ihrer Zukunft machen. Menschen, die etwa unter einer Depression leiden, könnten auf diese Weise vielleicht auch eigentlich neutrale Dinge durch die Kraft der negativen Gedanken abwerten und somit für sich ein negatives Bild von der Welt erschaffen" [2].

Vor allem Zuversicht
Unsere inneren Bilder beeinflussen unser Wohlbefinden. Wir können sie steuern, mit ihnen Zuversicht trainieren. Auch jenseits einer Krise dürfen wir diese Macht in uns nutzen. Wenn Sie morgens aufstehen, Ihr Tagesziel visualisieren, dabei Freude und Stolz oder zumindest Erleichterung empfinden, stimmen Sie sich darauf ein, bevor Sie sich dorthin aufmachen. Sie halten die Richtung, wecken Spannung auf jeden Schritt. Sie geben all Ihre positive Energie auf die Strecke, die vor Ihnen liegt. Und damit sind Sie im Fluss der Zeit. Nicht rückwärtsgerichtet, nicht stoppend und jammernd, sondern Sie gehen voran, denn Sie wissen, wohin es geht. Sie entscheiden, ob Ihre Energie positiv oder negativ schwingt, ob Sie sich im Lebens- oder im Überlebensmodus befinden.

→ Es gibt zahlreiche Übungen, um die mentale Kraft zu stärken. Das Visualisieren einer Zielerreichung oder des guten Ausgangs eines Konfliktes zählen dazu. Ebenso halte ich viel von der einfach durchzuführenden Achtsamkeitsmeditation, um den Geist zu stärken.

Übung Achtsamkeitsmeditation
- Setzen Sie sich mit geradem Rücken auf einen Stuhl oder legen Sie sich auf eine gefaltete Decke auf den Boden.
- Legen Sie die Hände auf den unteren Bauch.
- Atmen Sie durch die Nase bis in den Bauch.
- Fühlen Sie, wie der Bauch sich wölbt.
- Atmen Sie durch den Mund wieder aus. Um sich auf den Atem zu konzentrieren, zählen Sie beim Einatmen bis vier, beim Ausatmen bis sechs.
- Dieses Zählen hält Ihre Aufmerksamkeit auf den Atem. Sie fokussieren sich auf den Moment.

Man lebt nur einmal – Carpe Diem!

Die effektivste Methode, um sich täglich auf die Ziele und Aufgaben mit positiver Energie zu justieren, ist für mich jedoch eine andere. Es ist der Gedanke daran, dass dieses Leben endlich ist. Irgendwann wird der letzte Tag für Sie und mich, für jedermann auf diesem Planeten kommen. Irgendwann gilt es, Bilanz zu ziehen, die Summe unter den Strich zu schreiben. Es gibt kein Zurück, kein Wiederholen, es gibt keine zweite Chance für einen zweiten Versuch. Es sollte also Ihr Mantra sein, erfüllt und glücklich zu leben. Und neben diesem Vorsatz brauchen Sie dazu körperliche und mentale Energie und Lebensfreude, Sie brauchen die Arbeit Ihrer Zellen. Was, bitte schön, hält Sie davon ab, dafür zu sorgen? Pressen Sie Ihr Leben aus wie eine Zitrone, lassen Sie nichts übrig von diesem wertvollen Elixier. Klingt gut? Ist aber leider nicht ganz einfach. Rechnen Sie damit, dass es durchaus in der ersten Zeit Ihres mentalen Trainings zu Einbrüchen kommen kann, denn alte Denkmuster und Zweifel sind starke Antagonisten der Lebensfreude!

Mentale Stärke trainieren

→ Wie bei einem Sporttraining erfordert auch die mentale Stärkung stets Motivation, Disziplin und Zeit. Seien Sie also nicht zu streng mit sich. Es geht nicht um Perfektion, sondern um eine dauerhafte Verbesserung Ihrer ganzheitlichen Gesundheit. Wenn Sie stolpern, wischen Sie sich den Staub vom Knie und machen Sie weiter. Der Weg ist das Ziel, sagt sich der zellglückliche Mensch. Gehen Sie weiter.

6.3 Soziale Aspekte – Beziehungen, die glücklich machen

Wir können in einem Team, in einer Gruppe mehr erreichen als im Alleingang. Diese Einsicht ist so alt wie die Menschheit selbst. Die Evolution des Menschen, in der sich die Zellen entwickelt, billionenfach vermehrt und vernetzt haben, in der faszinierende Funktionen und Wechselbeziehungen entstanden sind, hatte nicht nur das innere Wachsen zum Ziel. Auch die Fähigkeit der sozialen Verbindung, der Geborgenheit in Familie, der Liebe und Fürsorge sollte sich über die Zeiten hinweg entwickeln.

Heute steht Homo sapiens also hier, bestmöglich ausgestattet mit Kraft, Intelligenz, einem ausgeklügelten System mentaler und körperlicher Funktionen. Wir dürfen erfahren, wie glücklich es macht, mit wohlgesonnenen, wertschätzenden, herausfordernden Begleitern durch das Leben zu gehen. Wir sind fähig, uns einzulassen auf andere und im besten Falle sogar die Oxytocin-(sog. Kuschelhormon)-Schübe zu genießen. Kurzum: Wir sind zufrieden, wenn wir uns in einer Gemeinschaft akzeptiert, aufgehoben und bestenfalls geliebt fühlen. Das erinnert an den Zellverband: Zwar kann jede einzelne Zelle auch in Isolation überleben, doch erst im Gesamtsystem können sie ihre jeweilige Aufgabe sinnvoll erfüllen und in (biochemischer) Wechselwirkung mit den anderen ihren Beitrag zum Ganzen in leisten.

Unser Zellsystem ist mehr als die Summe seiner Teile. Es ist eine Ganzheit, die nach innerer Harmonie strebt und nach außen durch ein gutes Miteinander an zusätzlicher Power gewinnt. Oder könnten Sie sich ein Fußballspiel vorstellen, in dem nur ein mannschaftsloser Star über den Rasen läuft? Auch lieben Fußballmannschaften den Jubel der Zuschauer! Der kann sie zum Sieg tragen. Menschen brauchen den Zuspruch von anderen, die mitfühlen und mithoffen. Doch was geschieht, wenn Beziehungen nicht tragen, sondern an der Zielerreichung hindern? Dann passiert das Gegenteil: Die Leistung mindert sich, die Freude am Leben sinkt. Schädliche Beziehungen schwächen die Zellen. Schädliche Beziehungen sind wie das tägliche Trinken von Gift.

Meiden Sie Beziehungen, die Sie stressen!
Wenn ein Mensch Ihnen konstant Energie raubt, statt Sie zu stärken, und Sie diesen Zustand über eine längere Zeit hinnehmen, geben Sie sich einer Gefahr für Ihre Zellen hin. Sie laufen sehenden Auges in Ihr Unglück. Mentaler Stress, körperliche Reaktionen, Nachlassen der körperlichen Gesundheit, depressive Verstimmung, Schlaflosigkeit, Burnout sind irgendwann die Folgen.

Vergiftete Beziehungen hält Ihr Körper und Geist vermutlich nicht länger als zwei Jahre aus! Und bereits nach sechs Wochen werden Sie erste Anzeichen der Schwäche wahrnehmen. Denn Ihr Gehirn arbeitet ständig im Kampf- oder Fluchtmodus – und hat doch keinen Kanal, um diesen negativen Energieschub loszuwerden. Er sammelt sich in den Zellen. Das ist in etwa so, als würden Sie ein Auto mit angezogener Handbremse bei Vollgas fahren. Der Energieschub kann nicht entweichen. Der Auspuff verstopft, das System bricht zusammen. Bezogen auf Ihren Körper kommt es zu einer permanenten Übersäuerung unter Stress.

Mein dringender Rat an Sie ist: Ändern Sie die Spielregeln im Umgang mit Energie und Lebenslust raubenden Menschen oder verlassen Sie selbst das Spielfeld. Alles andere wäre Ihnen selbst gegenüber grob fahrlässig.

Eine kranke, entartete, nicht mehr funktionierende Zelle wird vom Zellverbund in den Tod geschickt. Wird dieser konkrete Akt der Rettung versäumt, kann eine einzige Zelle sämtliche Organe und Körpersysteme ins Unglück reißen. So ähnlich sieht es aus, wenn Sie einem energieraubenden, für Ihre Zufriedenheit schädlichen Menschen gestatten, seine emotionalen Attacken in Ihrer Nähe auszuüben. Sie landen im dauerhaften Unglück.

Perspektive wechseln, um zu verstehen
Wer mich kennt, der weiß, dass ich kein Freund des schnellen Aufgebens bin. Ich bleibe an Zielen, an Themen, an Beziehungen. Und doch muss ich sagen, dass mir nicht immer Menschen begegnen, die gute Energie versprühen. Auch gibt es Kunden, die das Jammern pflegen. Zu lange schon stecken sie in Problemen fest. Was wäre ich für ein Coach, würde ich gerade diese Menschen bitten, erst wiederzukommen, wenn es ihnen besser geht, wenn sie eine positive Energie mitbrächten? Gerade das Arbeiten mit Menschen in Krisen und mit dem Willen, etwas zu verändern, fordert meinen Ehrgeiz heraus. Deshalb habe ich mir angewöhnt, in die Perspektive des betreffenden Kunden zu gehen. Ich will erfahren, was ihn belastet, warum er vor einem Problemberg steht. Und oftmals hat mir dieser Perspektivenwechsel wertvolle Einsichten beschert. Ich be-

obachte. Ich bewerte nicht. Ich verstehe und entwerfe Konzepte. So verhalte ich mich auch in privaten Beziehungen, die nicht mehr funktionieren. Auch hier gebe ich nicht frühzeitig auf, sondern versuche, Freundschaften über eine Krise hinwegzuretten.

Wo ich aber merke, es gibt einen unüberwindbaren Widerstand beim anderen, Veränderungen herbeizuführen, da steige ich aus. Wo Menschen nicht willens sind, an der eigenen Energie zu arbeiten, kann auch ich nichts erreichen. Die immer gleichen Sätze rauben dann meine eigene Energie, verschütten meine Positivität mit dem unaufhörlichen Gejammer. Wenn ich mich darauf einlasse, ohne den kleinsten Hinweis auf Veränderung zu sehen, werden die Energieräuber zum Fass ohne Boden, die meine Energiereserven leeren und meine Zellen, meine Lebenskraft schwächen.

Selbstliebe
Diese Einsicht gilt für jede Beziehung, auch in der Liebe zu sich selbst. Selbstliebe ist die Basis für jede weitere Beziehung mit anderen Menschen. Sie setzt voraus, dass Sie

- nach Ihren Moral- und Wertvorstellungen handeln,
- Nein sagen, sich abgrenzen können von fremden Ansprüchen
- Ihre körperliche und mentale Gesundheit an die erste Stelle all Ihres Wirkens setzen
- ermüdende Diskussionen meiden
- Beziehungen verlassen, die Ihrer Zellgesundheit auf Dauer schaden.

Wenn mehr Streit in einer Beziehung herrscht als Einmütigkeit, mehr Traurigkeit als Zufriedenheit, mehr Anklage als Unterstützung, mehr Eifersucht als Vertrauen, dann sprechen wir von einer toxischen Beziehung. Drehen Sie ihr den Rücken zu, verlassen Sie solch ein Schlachtfeld der negativen Gefühle. Ihre Zellen sollten Ihnen das Wert sein.

→ Suchen Sie nicht in anderen Menschen jene Energie, die Ihnen zum eigenen Glück fehlt. Das wird nicht funktionieren, damit gerät eine Beziehung in die Schieflage. SIE ALLEIN sind der Macher Ihres Lebens, SIE ALLEIN sind verantwortlich für Ihre Zufriedenheit.

Literatur

1. Grütter A (2019) Gehirn versus Computer – sind Vergleiche möglich? In: WISS – Schulen für Informatik Immobllien – wiss.ch. https://www.wiss.ch/de-CH/Blog/Themen/020919-Gehirn-versus-Computer. Zugegriffen am 10.12.2021
2. Benoit RG, Paulus PC, Schacter DL (2019) Forming attitudes via neural activity supporting affective episodic simulations. Nat Commun 10:2215. https://doi.org/10.1038/s41467-019-09961-w. Zugegrriffen am 10.12.2021 – In deutscher Sprache: Benoit RG, Paulus PC, Schacter DL (2019) Die Kraft der Vorstellung. In: Max-Plack-Gesellschaft – mpg.de. https://www.mpg.de/13490554/0520-nepf-132884-stell-dir-vor-unsere-einstellungen-aendern-sich-allein-durch-die-kraft-der-vorstellung. Zugegriffen am 10.12.2021

7

Anreize für guten Stress setzen

Zu einer These gibt es eine Antithese. Einem Tag folgt eine Nacht. Gesundheit kann zu Krankheit werden und umgekehrt. Die Phasen im Leben wechseln sich ab wie die Sichtbarkeit des Mondes am Nachthimmel. Mal stehen wir im Licht, mal im Schatten einer Krise. Mit dieser Bipolarität gilt es gelassen umzugehen, zu erkennen, dass sie gleichgültig ist. Wir entscheiden, in welche Richtung wir gehen. Wir sind verantwortlich, den Weg zu ändern, wenn er uns in einen schlechten Stress führt. Wer das Gesetz der Bipolarität als natürlichen Teil des Seins versteht, wird stabiler bleiben und fähig sein, sich selbst zu schützen.

Das Gesetz der Bipolarität besagt: Sie können nur in eine Richtung gehen. Sie empfinden entweder guten oder schlechten Stress. Sie fühlen sich aufgehoben oder gefährdet. Sie be-

---

Ergänzende Information Die elektronische Version dieses Kapitels enthält Zusatzmaterial, auf das über folgenden Link zugegriffen werden kann [https:// doi.org/10.1007/978-3-658-36901-9_7]. Die Videos lassen sich durch Anklicken des DOI Links in der Legende einer entsprechenden Abbildung abspielen, oder indem Sie diesen Link mit der SN More Media App scannen.

werten eine Situation gelassen oder Sie regen sich auf. Entweder Sie leben gesund, indem Sie sich bewegen, vollwertig ernähren, auf Ihre Gedankenhygiene achten, oder Sie empfinden das als überflüssig und steuern Krankheiten entgegen. Sie leben oder Sie überleben. Schwarz oder weiß. Lebensfluss oder Stillstand. Nun könnten Sie einwenden, dass zwischen diesen Polen zahlreiche Grauschattierungen existieren. Dem stimme ich zu. Und doch bewegen Sie sich in eine Richtung durch alle Grauraster hindurch. Essenziell bleibt daher die Frage: Sind Sie zum für Sie richtigen Pol unterwegs, oder sollten Sie die Richtung verändern? Wenn Sie hier zögern oder die erste Frage gar verneinen, ist es an der Zeit, dass Sie umkehren, um die bessere Richtung einzuschlagen.

Denn wenn Sie trotz innerer Widerstände weitergehen, all die Signale Ihrer Zellen überhören, werden Sie nicht wirklich glücklich.

Eine Arbeit, die Sie belastet, weil Sie in den Aufgaben keinen Sinn sehen, wird Sie erschöpfen. Eine Liebe, die längst keine mehr ist, sondern nur aus Streit und Vorwurf besteht, wird Sie auf Dauer zermürben. Ein Weg, den Sie gehen, weil andere das erwarten, wird Sie mit jedem Schritt weiter von Ihren Träumen entfernen. Sie alleine können entscheiden, welcher Weg für Sie der richtige ist. Leider denken viele Menschen: Im Moment kann ich meine Situation nicht verändern, aber später werde ich meine Richtung ändern. Aber wann ist später? Ihr Leben ist zu kurz, um solche entscheidenden Veränderungen aufzuschieben.

7.1   Der Weg in die richtige Richtung

Eine langfristige Veränderung, eine erfolgreiche Wandlung in die für Sie positivere Richtung über eine Zielerreichung hinaus ist das Schwierigste überhaupt, denn dieser Weg hat keinen Endpunkt nach dem Motto: Ziel erreicht alles gut.

Wenn sie sich als Lebensziel „glücklich sein" gesetzt haben, hört dieser Weg nie auf, Sie müssen immer aktiv etwas dafür tun, das Ziel wird zum Weg. Doch beginnt eine Veränderung immer mit einer neuen Weichenstellung, weil Sie auf dem bisherigen Weg nicht in die richtige Richtung gehen.

Am besten gelingt so ein Richtungswechsel, wenn Sie sich zunächst ein Ziel setzen, das Sie in die Ihre persönlich positive, richtige Richtung bringt.

Ziele setzen Handlungen in Gang und geben Orientierung. Ziele beinhalten immer Ort, Zeit und Art der Handlung, wie z. B.: in sechs Monaten auf dem Gipfel des Kilimanjaro stehen.

Zur notwendigen Orientierung im Leben erzähle ich meinen Kunden immer die einfache Geschichte:

> Stelle dir vor, du gehst im Wald laufen ohne einen Plan, wohin du laufen möchtest. Dann wirst du dich verlaufen und dir am Ende völlig erschöpft die Frage stellen: Wo bin ich hier? Warum und vor allem wozu bin ich eigentlich hier?

Wir brauchen im Leben Orientierung und Zwischenziele. Der Weg von Ziel zu Ziel, Stück für Stück zum Zellglück, die langfristige Wandlung von der Raupe zum Schmetterling startet mit der Festlegung eines Zieles als neue Orientierung.

Viele Menschen verstehen jedoch nicht, dass jede Entscheidung, eine Scheidung von Möglichkeiten ist. Der Preis der Entscheidung ist, dass man eben nicht alles haben kann. Eine Entscheidung für ein bestimmtes Ziel schließt dafür abträgliche Verhaltensweisen und alternative Ziele aus – zumindest für einen gewissen Zeitraum.

Wenn Menschen am Anfang einer Entscheidung diesen Preis nicht berücksichtigen, werden sie bei Hindernissen und Schwierigkeiten verzweifeln.

Als Trainer des HSV habe ich junge Menschen kennen lernen dürfen, die mit einer so brutalen Motivation und Disziplin ihre Ziele verfolgten, dass mich dies unheimlich beeindruckte. Auch in den dunkelsten Stunden ihrer Karriere, nach Verletzungen oder ausbleibenden sportlichen Erfolgen hielten sie an ihren Zielen fest.

Sehr selten habe ich ein selbstmitleidiges Jammern gehört nach dem Motto: „Ich könnte es jetzt einfacher haben. Wieso mache ich das hier eigentlich? Ich könnte jetzt auch mit meinen Freunden um die Häuser ziehen …"

Ganz selten habe ich dort Verzweiflung gesehen, dies war eben der Preis des persönlichen Ziels. Kein Jammern, kein Selbstmitleid. Sondern Akzeptanz, dass dies dazu gehört!

Es bringt nichts, den einmal eingeschlagenen Weg mit einer möglichen anderen Entscheidung zu vergleichen, wenn sich Schwierigkeiten oder Hindernisse dem Ziel entgegenstellen, nach dem Motto: „Hätte ich mich damals so oder so entschieden, ginge es mir jetzt besser."

Wenn wir auf unseren Seminarreisen auf der Gipfeletappe nachts bei eisiger Kälte und wenig Sauerstoff an unsere körperlichen und mentalen Grenzen stoßen und unsere Disziplin, sich da durchzukämpfen, langsam nachzulassen droht und dann unweigerlich die Frage: „Warum mache ich dies eigentlich!?" kommt, muss die individuelle Antwort klar sein!

Deshalb sage ich immer: Das Motiv (der tiefe innere Antrieb, aus dem ich etwas tue) ist in der härtesten Stunde immer wichtiger als die willenskraftabhängige Disziplin.

Wer weiß, wofür er seine Richtung im Leben ändert, gerät kaum in Gefahr sich die Frage zu stellen: Wozu mache ich dies eigentlich?

Genauso wichtig wie Motivation und die Disziplin zur Zielerreichung sind, ist es auch, sich vor einer ENT-Scheidung über deren Preis im Klaren zu sein.

Setzen Sie sich ein Ziel und machen einen konkreten Plan, wie Sie dieses Ziel erreichen können.

Aber machen Sie sich stets bewusst, dass dieser Plan Energie in Form von ATP, Zeit und Geld kostet. Alles im Leben hat seinen Preis. IMMER!

- Eine neue Lebensrichtung verlangt Tribut in Form von Energie (ATP), Zeit und evtl. Geld.
- Jede Entscheidung für eine Möglichkeit ist auch eine Entscheidung gegen andere Möglichkeiten.
- Alles im Leben hat seinen Preis.

7.2 Ein Prozent – kleiner Einsatz, große Wirkung

Auch ohne einen Experten an Ihrer Seite kann Ihnen die Veränderung hin zu einer gesunden, glücklichen Lebensweise gelingen. Dabei denke ich an die Ein-Prozent-Formel, die ich meinen Kunden nach einem Erstgespräch empfehle. Da gibt es keinen Trainingsplan, kein hoher Zeitaufwand ist nötig. Was ich mir von meinen Kunden wünsche, klingt profan, hat auf Dauer aber eine enorme Wirkung: Ich bitte sie, ein Prozent ihrer Zeit täglich für ihre Veränderung aufzuwenden. Jeden Tag ein einziges Prozent, das Sie mit der Veränderung verbringen. Ein Tag hat 1440 Minuten. Ein Prozent davon widmen Sie Ihrem neuen Ziel, 14,4 Minuten investieren sie in ihre Veränderung.

Und nun raten Sie einmal, wievielmal Sie sich verbessern bei diesem Miniaufwand?

Ihre Veränderung, ihre Entwicklung wird sich innerhalb eines Jahres um sage und schreibe das 37-Fache verbessern.

Ich gebe zu, dieser Wert ist leicht verfälscht, weil er gewisse Parameter nicht einbezieht, jedoch sollte es Sie motivieren, am Ball zu bleiben und täglich etwas für sich selbst zu tun.

James Clear, der Autor des Buches „Die 1 %-Methode – Minimale Veränderung, maximale Wirkung" schreibt dazu:

> Solch winzige Schritte entscheiden darüber, wie Ihr künftiges Ich aussehen wird. Die Spanne zwischen Erfolg und Misserfolg wird mit der Zeit immer größer. Die Zeit vervielfacht das, was Sie tun [1].

Machen Sie sich zunächst klar, was Ihr Ziel ist, was Sie auf dem Weg dorthin erleben und erreichen wollen. Nehmen Sie sich Zeit für eine Ist-Aufnahme, ähnlich wie ein Arzt sich Zeit für eine Diagnose nimmt, um darauf eine geeignete Therapie aufzubauen. In dieser Weise arbeiten auch gute Sport-, Ernährungs- und Mental Coaches. Sie wenden niemals Standardprogramme an, sondern erfassen den Status quo des Kunden auf körperlicher, geistiger, sozialer Ebene mit einem 360-Grad-Blick. Sie berücksichtigen dabei die Selbstheilungskräfte des Körpers.

Der Glaube an die Selbstheilungskräfte ist essenziell. Die Zuversicht des Kunden auf Verbesserung seiner Situation nimmt zu. Er fühlt sich nicht mehr hilflos, sondern weiß: Seine Zellen werden alles daransetzen, die heilsamen Impulse aufzufangen und im besten Sinne der Salutogenese zu verarbeiten. Denn auch einem Wohlgefühl geht ein Prozess voraus: die Bewegung aus einer schädlichen Situation hinein in eine angenehme Erfahrung, wie der Genesungsprozess von einer Krankheit zur Gesundung. Während dieser Prozesse entsteht wieder eine Kohärenz zwischen den Körpersystemen. Alles greift wieder perfekt ineinander. Dazu ist es nötig, die richtigen Reize zu setzen. Ich nenne sie Reize guten Stresses, um Energie, Ausdauer, Muskelkraft und positive Emotionen zu stärken (Video Abb. 7.1). Doch kalkulieren Sie von vornherein ein: Jede Veränderung hat ihren Preis!

Abb. 7.1 Ohne Stress keine Entwicklung. Foto + Video: Zellglück GmbH (▶ https://doi.org/10.1007/000-6dm)

Ein inspirierendes Stresslevel finden

Der Psychologe Hans Selye gilt als Vater der Stressforschung. Bereits in den 1930er-Jahren fand er heraus, dass nicht der Stress als solcher für Körper und Geist schädlich ist, sondern die Art und Weise, wie ein Mensch den Stress bewertet. Solange Sie sich wohlfühlen mit Herausforderungen, sind Sie auf einem guten Weg. Wenn Sie hingegen Reizbarkeit, Mattheit, Orientierungslosigkeit, Grübeln empfinden, während Sie sich Ihren Aufgaben widmen, bewegen Sie sich wahrscheinlich in eine für Sie falsche Richtung. Der Stress ist dann schlecht – und schadet Ihren Zellen. Mit diesem Forschungsergebnis schrieb Hans Selye folgende Widmung in sein Buch „The Stress of Life":

> This book is dedicated to those
>   who are not afraid to enjoy the stress
>   of a full life, nor so naïve as to think
>   that they can do so without intellectual effort [2].

Frei übersetzt lautet dieser Satz:

> Dieses Buch ist denen gewidmet
>   die weder Angst davor haben, den Stress

eines erfüllten Lebens zu genießen,
noch naiv genug sind zu glauben,
sie könnten dies ohne harte gedankliche Arbeit erreichen.

Stress ist für Ihre Zellen so nötig wie Sauerstoff. Nur sollten
Sie über dessen Qualität entscheiden. Es liegt an Ihnen, ob
Stress Sie an der persönlichen Entwicklung hindert oder Sie
Ihren Zielen näherbringt. Fragen Sie sich:

1. In welche Richtung will ich gehen?
2. Ist die Richtung für mich wirklich lohnend, ist es meine Herzensentscheidung?
3. Passt die Richtung zu mir, zu meiner Seele?
4. Welche Ziele und Unterziele könnte ich mir setzen, damit ich Schritt für Schritt in die richtige Richtung komme?
5. Bin ich bereit, ehrlich und objektiv meinen Istzustand zu akzeptieren?
6. Bin ich bereit, die Selbstverantwortung für meinen körperlichen und mentalen Istzustand zu übernehmen?
7. Habe ich keine Angst Fehler zu machen, weil ich weiß, dass nur die selbstverantwortliche Analyse meiner Fehler (Ursache und Wirkung) erkennen lässt, was noch fehlt? Und weil ich weiß, dass dies die einzige Chance zur Entwicklung ist.
8. Verfüge ich über die Geduld, den Weg in meinem Tempo zu gehen, mir die Zeit zu nehmen, die ich für meine persönliche Entwicklung benötige?
9. Bin ich achtsam, um dem Stress einer Veränderung stets eine Phase der Ruhe folgen zu lassen, da ich weiß, dass jede Veränderung eine Zeit der Anpassung braucht?
10. Bin ich fähig, mich den Situationen auf dem Weg anzupassen und je nach Situation meinen Plan immer wieder zu verändern?
11. Fühlt sich dieser Weg stimmig und gut an?

Richtig verändern – auf die Dosis kommt es an

Niemand wird mit einem Abo auf Glück und Gesundheit geboren. Auch wenn der Löffel im Mund zunächst vergoldet scheint, hat das Schicksal davor keinen Respekt. Es macht weder vor Reichtum halt noch vor Macht. Glück lässt sich nicht kaufen. Schon gar nicht lässt es sich auf einen Handel ein. Zu denken: ‚Wenn ich das Haus abgezahlt, den Superjob erhalten, wenn ich die Weltreise unternommen habe, dann werde ich glücklich sein', ist ein Trugschluss. Es gibt kein berechenbares und garantiertes Glück. Nichts hält das Schicksal davon ab, Niederlagen, Rückschläge und unerwartete Katastrophen in den Alltag zu knallen, schlechten Stress oder gar Leid zu liefern. Die Wahrheit lautet vielmehr – auch wenn sie klingt wie ein abgelutschter Drops –: Aus Krisen können Chancen entstehen – wenn Sie die Richtung Ihres Weges verändern.

Besonders in schwierigen Situationen ist ein „Weiter so" oder „Augen zu und durch" nicht immer ein guter Rat, denn es kann bedeuten, dass Sie mehr vom Gleichen in Ihrem Alltag verfestigen. Mehr Stress, mehr Aufgaben, mehr Anstrengung, um die aktuelle schädliche Situation zu bewältigen. Reizbarkeit wird dann hingenommen, Schlaflosigkeit auf das Wetter, den Mond oder sonst etwas geschoben. Das Grummeln im Bauch wird nicht wahrgenommen. Vielleicht, so denkt man, liegt es am Essen – und bleibt auf der alten Gedankenspur, weiter wie bisher. Man ignoriert diese ersten Signale der Zellen, die darauf hinweisen, dass etwas schiefläuft im Alltag. Damit schraubt sich die Spirale auf: Aus dem Unwohlsein entsteht allmählich eine Krankheit, chronische Beschwerden bis hin zum Leid.

Bleiben Sie also achtsam. Was sich nicht gut anfühlt in Ihrem Alltag sollten Sie verändern! Je weiter Sie in eine falsche Richtung laufen, desto fragiler wird Ihre Gesundheit.

Ihre Zellen stellen mehr und mehr die Energiearbeit ein, mit erheblichen Folgen für Ihren körperlichen und seelischen Zustand. Die Mitochondrien erlahmen. Sie sind erschöpft, ausgelaugt, fühlen keinen Antrieb mehr, keine Idee von Veränderung. Die Negativspirale führt nur nach unten. An diesem Punkt vermeiden Sie jegliche Konfrontation, jeglichen Stress. Auch die positiven Reize können Sie nicht mehr setzen. Für Sport, für Inspiration, für Abenteuer bleibt keine Energie. Das Leben findet nur noch in Routine, nur mit angezogener Handbremse statt. Dies, Sie ahnen es, beschreibt den beginnenden Burn-out. Ein Trauerspiel für Ihre Zellen! Die nämlich wollen arbeiten, Ihre Systeme ankurbeln. Nur wie bitte kann das gelingen, wenn Sauerstoff, Nährstoffe, passende Reize, zuversichtliche Gedanken, Bewegung und Freude am Leben fehlen?

Lange bevor ein solch energiearmer Zustand eintritt, rebellieren die Zellen. Wie gesagt: Die körperlichen Signale gibt es frühzeitig, wenn uns Fehler in der Zellpflege unterlaufen: Die Figur gerät aus dem Leim, wenn die Zellen die falschen Nährstoffe erhalten, zum Beispiel zu viel Fett und Zucker. Oder der Rücken verspannt, Kurzatmigkeit setzt ein, die Kondition lässt aufgrund von Sauerstoff- und Bewegungsmangel nach. Wenn es freie Fenster im Terminkalender gibt, dann sind Menschen in dieser ersten Phase durchaus bereit zu handeln. Nur scheint mir die Wahl der Mittel oft nicht gut durchdacht. Denn sich ohne Ernährungsberater eine Diät zu verordnen, kann ungesund sein. Besonders die Versprechen einschlägiger Modezeitungen, mit bestimmten Rezepten nach wenigen Wochen die Traumfigur zu erreichen, halte ich für unseriös. Man hungert, verliert Gewicht, aber die Diät lässt nicht die Fettreserven schmelzen, sondern baut Muskelmasse ab!

Bei Verspannung und schwindender Kondition scheint vielen „mehr Sport" als nächstliegende Lösung. Gegen diese Idee ist erst einmal auch nichts einzuwenden. Joggen am

Wochenende, Dehnübungen vor dem Fernseher oder mit dem Kollegen eine Runde Tennis nach Feierabend können lobenswerte Schritte zur Fitness sein. Nur bitte bedenken Sie: Jemand, der seit Jahren keinen Sport absolvierte, der vielleicht unter Bluthochdruck leidet, dem wird intensives Laufen den Atem nehmen, weil es den Blutdruck weiter erhöht und das Herz über die Maßen belastet. Dehnübungen könnten bei Ungeübten Zerrungen verursachen. Besonders für Untrainierte heißt hier die Devise: Weniger ist mehr. Vielleicht waren Sie früher einmal sportlich, sogar Vereinsmeister im Tennis. Das mag 20, 30 Jahre her sein. Dann geht es darum, die alten Erinnerungsspuren des Körpers langsam zu aktivieren und an die einstige Sportlichkeit zu erinnern. Wahrscheinlich geht das schneller als bei Menschen, die seit jeher untrainiert sind, dennoch brauchen Sie eine Einstiegsphase zur sportlichen Aktivierung aller Zellen. Seien Sie geduldig. Überfordern Sie sich nicht. Setzen Sie eher kleinere Impulse, statt ehrgeizig zu sein und zu viel von sich zu erwarten. Wie in anderen Bereichen des Lebens auch kommt es in Sachen Fitness auf die richtige Dosis an. Sie können nicht in wenigen Tagen nachholen, was Sie zuvor lange Zeit versäumt haben. Aber manchmal können schon wenige Stunden Bewegung zu überraschenden Erkenntnissen führen.

Beispiel Petra: Die Bäume im Wald

Petra W. buchte einige Coachingstunden mit der Absicht, gelassener zu werden. Als Managerin in einem mittelständischen Unternehmen stehe sie ständig unter Strom, sagte sie mir zu Beginn unserer Zusammenarbeit. Ihr Wunsch sei es, mal zur Ruhe zu kommen, sich nicht jede Kritik des Vorgesetzten zu Herzen zu nehmen. Auch zu ihrem Team hätte sie gerne ein entspanntes Verhältnis. Aber sie empfinde Druck! Es gehe nur um Zielerreichung, um Ergebnisse. Sie habe die Freude am Job verloren. „Ich bin einsam in meinem Erfolg", sagte Petra W.

Auf den ersten Blick fiel mir auf, dass sie blass aussah, dass sie dringend Bewegung und Sauerstoff für ihre Zellen benötigte. Ich schlug ihr vor, gemeinsam einige Stunden im Wald zu walken! Darüber war sie zunächst empört: „Einige Stunden? Wie soll das gehen? Zeitverschwendung. Ich brauche Ergebnisse, die finde ich nicht im Wald." Sie sah mich verständnislos an und ich bat sie, mir zu vertrauen. „Lassen Sie uns in die Natur gehen." „Okay, heute klappt es nicht, aber nächste Woche könnte ich mich darauf einstellen", versprach sie.

Wir verabredeten uns eine Woche später zur gleichen Zeit und Petra W. erschien pünktlich, ausgestattet mit perfekter Outdoorkleidung. Meine Bemerkung, bequeme Sportschuhe hätten es auch getan, entgegnete sie: „Ich bin eben eine Perfektionistin."

Wir walkten vier Stunden. Schweigend. Das war die Bedingung. Ich wollte, dass Petra W. mit allen Sinnen erspüren sollte, wie die frische Luft, die Farben und Geräusche der Natur ihre Gedanken klärten. Nach einer halben Stunde merkte ich, wie Petra W. einen Rhythmus im Walken fand. Sie lief leicht und zügig voran. Nach einer weiteren halben Stunde schweifte ihr Blick zu den Seiten, in den Himmel, rundherum. Und am Ende unserer halbtägigen Coachingrunde im Wald wirkte ihre Haut durchblutet und glatt. Ihre Augen strahlten und sie sagte: „Wissen Sie, was geschehen ist? Ich habe Bäume gesehen." Ich stutzte: „Wie meinen Sie das?" „Na, wie ich es sage. Tatsächlich einzelne Bäume." Und mir wurde mir klar: Petra W. war derart intensiv auf ihrer Stressachse unterwegs, dass sie keine Details erkannt hatte. Jeder Gedanke drehte sich um die Aufgaben und Konflikte am Arbeitsplatz. Alles war zu einem großen Problem vermischt.

In der Natur wurden die Gedanken durchlässiger. Die Monotonie der Bewegung setzte andere Reize als im Büro üblich. Sie kam wieder bei sich selbst an, nahm sich und auch ihre Umgebung in Ruhe war. Deshalb konnte sie im Moment bleiben – und die Bäume wieder sehen.

Wir walkten ein ganzes Jahr gemeinsam durch die Natur. Und als ich dachte, Petra W. sei nun reif für den nächsten Step, für eine große Herausforderung, da schlug ich ihr die Besteigung des Kilimandscharo vor. Sie lehnte ab. „Die Nummer ist zu groß für mich. Da fühle ich mich überfordert."

Ich nickte, akzeptierte. Ich freute mich sogar über diese Antwort, denn sie zeigte mir, dass Petra in diesem Jahr ihre Selbstwahrnehmung trainiert hatte und genau wusste, was sie wollte – und was sie besser vermied. Sie war dabei, ihre Gelassenheit zu trainieren. Eine zu große Herausforderung oder gar eine Niederlage hätte sie um Einiges auf dem Weg zurückgeworfen.

7.3   Niederlage, ja und?

Ihr Weg zum Ziel bietet Überraschungen, Erfolg, Freude und Stolz auf jede erreichte Etappe. Und ebenso werden Sie Niederlagen und Enttäuschungen erleben. Manche Menschen werden an diesen Stolperstellen frühzeitig aufgeben, werden sich nicht trauen, weiterzugehen, dem nächsten Ziel entgegen. Vorzeitig aufzugeben halte ich für einen Fehler. Und genauso finde ich es fahrlässig, die anhaltende innere Stimme zum Umkehren zu überhören. Wenn Sie zweifeln, ob eine Veränderung zu früh, zu groß, nicht passend sein könnte, dann halten Sie inne. Atmen Sie durch. Sehen Sie sich die Situation, in der Sie sich aktuell befinden, sehr genau an. Vielleicht möchten Sie einen Umweg machen, der weniger beschwerlich ist als Ihr aktueller Weg. Vielleicht möchten Sie den Weg gänzlich verändern. Vielleicht sind Sie von Ihrem Ziel enttäuscht. Wie immer Sie darauf reagieren, Ihr Antrieb sollte sein, dass Ihr Leben morgen besser wird als heute. Dieser Antrieb entsteht im Moment. *Jetzt* machen Sie Bestandsaufnahme. *Jetzt* lassen Sie die Zuversicht in sich wachsen. Auch wenn Sie gerade gestolpert sind, Sie halten inne, atmen durch, hören in sich hinein – und bleiben nicht am Boden liegen. Sie integrieren die kleinen Stürze in einer selbstverständlichen Weise. So machen es übrigens die Kinder: Sie fallen tausendmal hin und stehen tausend und einmal wieder auf. Trial and Error. Again.

Ich habe in meiner Laufbahn gelernt, mit Niederlagen locker umzugehen. Rückblickend hat sich mancher Sturz sogar als Segen erwiesen. Bevor ich den Vertrag als Co-Trainer beim Hamburger Sportverein unterzeichnete, wurde mir klar, dass zuvor ein anderes Projekt scheitern musste. Sonst wäre ich nicht zur passenden Zeit am passenden Ort gewesen. Im Leben reihen sich immer Niederlagen und „Siege" aneinander – sie gehören zusammen, sie bedingen sich. Das eine kann ohne das andere nicht geschehen. Mit diesem Bewusstsein bleibe ich demütig vor dem Leben. Ich lasse mich durch Niederlagen nicht mehr schwächen und auch über Siege freue ich mich nicht übermäßig. Das mag der Grund gewesen sein, warum der Jubel der 57.000 Menschen im Volksparkstadion mich relativ kalt gelassen hatte. Ich fand es natürlich schön, habe den Moment genossen, aber gleichzeitig habe ich mir gesagt: ‚Maik, es ist nur ein Moment. Morgen kann alles schon anders sein'. Und als der Mannschaft trotz großer Anstrengung die Rückkehr in die Bundesliga nicht gelang, als man sich von Verantwortlichen und Trainern trennen und man mich erst einmal beurlauben wollte, sagte ich mir: Dadurch bricht mir kein Zacken aus der Ego-Krone. Es geht auch anders weiter.

Wenn Sie eine Niederlage im Leben hinnehmen müssen, halten Sie sich immer das Zitat aus dem Gedicht von Rudyard Kipling aus dem Jahr 1895 vor Augen, das jeder Tennisspieler vor dem Betreten des Centre Court in Wimbledon passieren muss:

„If you can meet with triumph and disaster and treat those two impostors just the same" [3].

Hamburg war damals nicht mehr mein Weg. Ich wusste: Es wird eine neue Richtung, eine neue Chance geben. Mein Ziel aber, dieses große übergeordnete berufliche Ziel, habe ich auch bei diesem Sturz nicht aus den Augen verloren, nämlich: Menschen zu mehr Gesundheit, Energie und Lebensfreude zu führen, denn das ist meine Definition von Glück.

Es gibt viele Wege hin zu einem übergeordneten Ziel. Bricht der eine weg, wird sich ein neuer zeigen. Auch Ihr aktueller Weg wird vielleicht morgen nicht mehr zu begehen sein, weil sich die Umstände ändern, weil schlechter Stress Sie begleitet. Reagieren Sie darauf. Aber lassen Sie nie Ihr großes Ziel aus den Augen.

Mit jedem Aufstehen lernt Ihr Gehirn, dass Niederlagen zu überwinden sind. Es bewertet Misserfolge als Teil des Siegens. Aber Vorsicht: Nicht übermütig werden, nicht zu stolz sein. Denn die nächste Ent-Täuschung kommt bestimmt. So bleibt das ständige Korrigieren der eigenen Wahrnehmung eine Daueraufgabe und schützt uns vor Arroganz und Übermut – und auch vor Ängsten.

Weil Menschen aber oft Angst vor Niederlagen haben, entwickeln sie nicht ihr wahres Potenzial, bleiben dadurch unter ihren Möglichkeiten und kommen somit auch nicht in dem Genuss des Sieges.

Evolutionsbedingt können Ängste entstehen, wenn wir aus unseren sozialen Gefügen verstoßen werden, wenn die Gefahr droht, zu verhungern oder einen Kampf zu verlieren. Dann entsteht schlechter Stress! Aber mal ehrlich: Soziales Verstoßen bedeutet doch auch, dass dieses Gefüge längst nicht mehr zu uns passt. Wir sollten uns ein anderes suchen. Verhungern passiert in unserem Land nicht. Und etwas zu verlieren kann Schmerz und Trauer erzeugen, aber nach den Spielregeln des Lebens wird die Zeit auch die Verlustwunden heilen.

Die Wurzel jeder Angst ist die Furcht, nicht zu überleben, und die Aufgabe von Ängsten ist es, unser Überleben zu sichern. Deshalb ist es durch aus sinnvoll, auf die eigenen Ängste zu hören, denn sie können unser Überleben verlängern.

Dennoch stellt sich beim Umgang mit der eigenen Angst immer die Frage: Wer gewinnt den Kampf? Die Angst oder ich selbst?

Ängste können die größten Blockaden im Leben sein. Nur, wenn wir uns unseren Ängsten und ihren Motiven stellen und durch die jeweilige Angst hindurchgehen, werden wir diese Angst besiegen. Wenn die Angst stärker ist als unser Mut, wird sie uns jedoch immer in unsere selbst erdachten Schranken weisen und uns so in unserer Entwicklung bremsen.

Wenn wir lernen, unsere Gedanken positiv auszurichten, können wir an unseren Frustrationen und Ängsten arbeiten, sie immer wieder besiegen und mental gesund bleiben. Wir trainieren unsere Selbstwahrnehmung. Wir laufen keinen verlorenen Chancen hinterher und regen uns nicht über Niederlagen auf. Wir trainieren unsere Gelassenheit und umarmen guten Stress. Denn letzten Endes können wir das Leben am Ende eh nicht überleben, also wieso sollten wir uns dann von der Angst davor bestimmen lassen, es nicht zu überleben?

Fünf Schritte zur Selbstwahrnehmung

Um Ihre Selbstwahrnehmung zu stärken, empfehle ich Ihnen, einmal wöchentlich in die Natur zu gehen und über die folgenden fünf Sätze nachzudenken. Die wirken – besonders im Wald – wie eine Frischzellenkur:

1. **Ich liebe mich so, wie ich bin.**
   Sollte Ihnen dieser Satz nicht leicht über die Lippen kommen, dann überlegen Sie bitte einmal: Ihre Denkmuster sind durch all Ihre Routinen entstanden. Kann es sein, dass eine Routine Sie am Glück hindert?

Verändern Sie diese Routine, brechen Sie sie auf und trauen Sie sich neue Schritte in eine andere Richtung zu!

2. **Ich schaue nach vorne, nicht zurück.**
Was hinter Ihnen liegt, ist Vergangenheit. Die können Sie nicht verändern, die ist gelebt, vorbei. Mit Rückwärtigem zu hadern ist in etwa so, als würden Sie bereuen, dass Sie gestern einen Wein zu viel getrunken haben. Der ist jedoch bereits verdaut, in Ihren Zellen, der hat sein Gift bereits im Körper verteilt. Nur eine Entscheidung im Jetzt kann weiteres Gift verhindern!

3. **Negative Gedanken blockiere ich. Dazu habe ich die Macht.**
Schlechter Stress spielt sich zwischen den Ohren ab. Sie entscheiden, was Sie denken! Sie können aus Grübelspiralen aussteigen. Können wie im Sport ein Aus-Zeichen setzen. *Stopp!* Bis hierhin und nicht weiter. Das Gesetz der Bipolarität besagt, dass Angst und Hoffnung, Sorge und Zuversicht, Niederlage und Erfolg jeweils zwei Seiten derselben Medaille sind. Drehen Sie die Medaille um. Denken Sie positiv. Das mag ungewohnt sein, lässt sich aber üben und tut wirklich gut.

4. **Kleine Veränderungen entwickeln mit der Zeit eine große Wirkung!**
Auch die kleinste Veränderung kann Sie Ihrem Glück näherbringen, wenn die Richtung stimmt. Denken Sie an die Ein-Prozent-Regel. Fangen Sie an, jetzt.

5. **Ich bin mir bewusst, das Leben ist endlich!**
Ihre Maxime bei allem, was Sie tun, lautet: Ich fühle mich wohl. Was Sie stört, schleppen Sie auf Ihrem Weg nicht mehr mit. Sie leben, um Freude zu empfinden. Machen Sie sich das täglich bewusst.

→ Denken Sie bitte daran: Solange Sie auf dem Weg sind, solange die Richtung stimmt, werden Sie Ihr Ziel erreichen. Schlechter Stress entsteht, wenn der Weg nicht zu Ihrem Ziel passt. Dann ändern Sie die Richtung. Sonst schaden Sie auf Dauer Ihrer Zellgesundheit.

Literatur

1. Clear J (2020) Die 1%-Methode – Minimale Veränderung, maximale Wirkung. Goldmann, München
2. Selye H (1978) The stress of life. McGraw-Hill, New York
3. Kipling R (1910) Rewards and fairies. https://www.telelib.com/authors/K/KiplingRudyard/prose/RewardsFaries/index.html. Zugegriffen am 14.03.2022

8

Die Schubkarre selbst schieben

Sie sind der Mensch, der Sie sind. Akzeptieren Sie bitte
diese Wahrheit. Alles andere führt Sie in die Unzufriedenheit und wäre ein Hadern mit dem Leben, ein ständiges
Trauern um verpasste Gelegenheiten. Denn gute und weniger gute Erfahrungen haben Sie geprägt. Manches haben
Sie nicht richtig entschieden, anderes ist Ihnen hervor-
ragend gelungen. Beides, das Fehlerhafte und das Erfolgreiche, gehört zu Ihrem Leben. Es sind zwei Seiten derselben Medaille. Und ich wünsche Ihnen, dass Sie auch die
schmerzhaften Seiten dieser Medaille ohne Zweifel, Vorwurf, Scham und Zorn betrachten. Erst dann können Sie
entscheiden, was Sie von diesen Ereignissen loslassen sollten – und was Sie weiterhin mitschleppen werden, weil Sie
diesen Ballast nicht abwerfen können. Jeder trägt eine solche Last aus der Vergangenheit auf den Schultern. Ob es
eine Trennung vom Partner war oder eine Krankheit aus
Unachtsamkeit, ob es ein Sich-Überwerfen mit den Eltern
oder ob es der Verlust des Arbeitsplatzes war oder ein zu
langes Zögern vor einem Karriereschritt, solche Einbrüche
auf dem Lebensweg werden Sie belasten. Solange Sie darum

© Zellglück GmbH 2022
M. Göbbels, *Lebensziel: Glücklich sein*,
https://doi.org/10.1007/978-3-658-36901-9_8

wissen und dies akzeptieren, entstehen keine Seelenknoten (so nenne ich schmerzende Erfahrungen). Sondern Sie arbeiten täglich daran, dass diese Niederlagen sich nicht wiederholen. Es ist Ihnen ein Anliegen, mit Hilfe Ihrer Erfahrung jeden Tag ein wenig besser zu werden, um die Gegenwart sorgenfrei zu gestalten. Besser zu werden bedeutet übrigens nicht, perfekt zu sein! Und besser zu werden bedeutet auch nicht, so zu werden wie ein Vorbild. Sie sind, wie Sie sind, und Sie sind einzigartig. Sie sind unverwechselbar.

Es ist nicht möglich, morgens aufzustehen und sich vorzunehmen: Heute werde ich reden und handeln wie mein Kollege, der seine Karriereleiter scheinbar mit Leichtigkeit emporsteigt. Sie verlieren dann nur Ihre Authentizität. Ich behaupte sogar: Auf Dauer würden Sie unglücklich. Sie würden sich damit gegen letztlich gegen Ihre eigene DNA richten.

8.1 Selbstakzeptanz ist die Basis für Veränderung

Ihre grundsätzlichen Merkmale sind in den Zellkernen verankert. Dort befindet sich der persönliche Code z. B. für die Augenfarbe, Körpergröße, Hautbeschaffenheit, die Kraft der Körpersysteme, die gesundheitliche Disposition. Auch die grundsätzlichen charakterlichen Merkmale und Talente sind dort zu einem Teil definiert. Der andere Teil wird geprägt durch die Umwelt und die Erziehung, durch die Erlebnisse in Ihrem Leben.

Natürlich könnten Sie heute entscheiden, einen kleinen äußeren Makel mit Hilfe der plastischen Chirurgie beheben zu lassen. Ebenso besteht die Möglichkeit, sich ein gewisses Benehmen an- und störendes Verhalten abzutrainieren.

Nur hätte das keinen Einfluss auf Ihren genetischen Bauplan. Wenn nach erfolgreicher OP die Nase auf ein Hollywood-Format gestutzt wurde, so bleiben Sie doch derjenige, der Sie von Natur aus sind. Vielleicht werden Sie sich mit ein wenig mehr Wohlwollen im Spiegel betrachten, und das wiederum wird Ihre Stimmung heben; auf Ihren Charakter, Ihre dauerhafte Zufriedenheit, auf Ihre Gesundheit wird es dennoch keinen Einfluss nehmen. Oft ist sogar das Gegenteil der Fall: Solche Eingriffe bringen keine Glückseligkeit, sondern sie verleiten zu einer Kette von Entscheidungen. Der operierten Nase folgen die Halsstraffung, die Botox-Spritze, das Fettabsaugen an den Oberschenkeln ... es gibt immer noch etwas zu „verschönern". Ich habe einige Kunden und Kundinnen betreut, die dadurch den realistischen Blick auf sich verloren haben: Sie richteten die Aufmerksamkeit nur noch auf vermeintliche Makel – und nicht mehr auf ihre Stärken! Durch Botox im Gesicht lässt sich vielleicht die Problemfalte zwischen den Augen glattspritzen, aber zum allgemeinen, energiereichen Wohlgefühl wird solch eine Behandlung nicht beitragen: Botox steigert nicht die ATP-Produktion, damit wir uns fit fühlen. Und das Absaugen von Fett an Bauch und Schenkeln erzeugt keinen gesunden Stoffwechsel, bildet keine Muskulatur. Um sich dem eigenen Glück wirklich anzunähern und zufrieden mit sich selbst und den Umständen zu sein, können wir nur Folgendes tun:

- hinderliche Glaubenssätze auflösen,
- an störenden Verhaltensmustern arbeiten,
- negative Routinen und Gewohnheiten aufbrechen,
- uns manchmal aus einer neutralen und distanzierten Perspektive selbst betrachten und fragen: Bin ich gefühlt noch auf dem richtigen/meinen persönlichen Weg und ist das Ziel, das ich verfolge, noch passend?

Nur, wenn Sie anerkennen und akzeptieren, wer und wie Sie sind, können Sie Tag für Tag mit Hilfe kleiner Veränderungen besser werden. Solch ein Prozess entwickelt sich langsam. Er braucht Impulse und auch den Willen, diese Impulse anzunehmen.

Die Summe Ihrer Erfahrungen

Ob Sie sich selbst Gesundheit, Liebe, Erfolg, finanzielle Sicherheit zutrauen, ist eine Entscheidung. Es ist die Entscheidung, jetzt, in diesem Moment, alles dafür zu tun, dass schöne Umstände in Ihr Leben treten. Indem Sie Ihren Körper durch Ernährung und Bewegung gesund halten. Indem Sie sich mit Menschen umgeben, die an Sie glauben, denen Sie vertrauen dürfen. Indem Sie hinderliche Glaubenssätze loslassen wie „Ich schaffe das nicht", „Ich gehöre nicht zu den Besten", „Ich habe einfach kein Glück im Leben". Das ist Ballast, den Sie nicht mehr in Ihrer Schubkarre dulden sollten!

Tief im Unterbewusstsein haben sich im Laufe Ihres Lebens Erfahrungen und Erlebnisse angesammelt, die schmerzen. Ich nenne sie Seelenknoten. Manche Knoten wiegen sehr schwer, sie drücken auf Ihr Unterbewusstsein werden damit zum Bestandteil unseres Seins und geben unserer Persönlichkeit eine unverwechselbare Ausstrahlung. Und nun wird das Ganze kompliziert. Sie können die äußerlich-physischen Unstimmigkeiten mit einem Skalpell oder einer Spritze vielleicht abmildern. Aber Ihre Erfahrungen, Erlebnisse, Stimmungen und Ihre mentalen wie seelischen Prägungen können Sie niemals mit einem Schnitt in die Haut ungeschehen machen. Diese Seelenknoten können Sie nur durch Ihre veränderte Wahrnehmung und bessere Gewohnheiten lösen. Doch was bringt Menschen zu der Einsicht, dass es Zeit wird,

Gewohnheiten zu verändern und die bisherige Wahrnehmung in Frage zu stellen? Meist bringen uns anhaltende Unzufriedenheit oder hoher Leidensdruck zu dem Entschluss, etwas zu verändern. Manchmal gibt uns das Unterbewusstsein durch einen Traum ein Startsignal. Hin und wieder löst sich ein Seelenknoten, wenn wir auf uns selbst zurückgeworfen werden, wie etwa auf dem Jakobsweg oder bei einer Bergbesteigung.

Der Veränderungsprozess kann in sehr kleinen Schritten erfolgen. Und das macht die Sache leicht! Zuerst werden Sie die Veränderung vielleicht gar nicht bemerken. Sie wachen auf, denken an den Kollegen, empfinden Neid und Groll und fragen sich: „Warum wird der gefördert und nicht ich?" Wenn Sie den Gedanken von Neid und Missgunst an dieser Stelle ein Stoppschild setzen, wenn Sie sich auf sich selbst besinnen und sich sagen: „Ich mache mich einfach auf den Weg, gemütlich, ohne Hast baue ich langfristig an meiner eigenen Karriere", dann wird Ihnen das gelingen. Weil Sie den Fokus auf sich selbst richten und nicht auf andere. Weil Sie Ihren eigenen Rhythmus beachten. Weil Sie nicht in negativen Stress verfallen, sondern sich die Zeit geben, die Ihre Körpersysteme und auch Ihre Seele einfach benötigen. Das Vergleichen mit anderen nämlich ist der Tod des eigenen Erfolgs. Es ist etwa so, als würden Sie Ihr eigenes Potenzial unter der Decke halten und alle Energie auf den Fremden richten.

Richten Sie den Scheinwerfer auf sich selbst! Welche Gewohnheiten sollten Sie aufbrechen, um mehr Energie und Zufriedenheit zu spüren? Nach meinen Erfahrungen verändern Menschen am ehesten etwas, wenn die Gesundheit bei alten Gewohnheiten nicht mehr mitspielt.

Beispiel Klaus: Erfolgreich und „fett-ausgebrannt"

Einer meiner Kunden, nennen wir ihn Klaus, war Unternehmer. Er wirkte, wie man sich gemeinhin einen Geschäftsmann vorstellt: kräftig, zupackend, klar in seiner Haltung, erfolgsverwöhnt. Er sprach mit lauter Stimme, verlangte Fakten, bevor wir überhaupt mit unserer Zusammenarbeit begonnen hatten: „Was ist das Ziel und wie lange wird es dauern, bis wir es erreichen?", so lautete eine seiner ersten Fragen. Ich lächelte und antwortete: „Es dauert so lange, bis Sie Ihre Wahrnehmungswahrheit aufgedeckt haben. Konkret: Bis Sie sich an den dicksten Seelenknoten heranwagen."

Er sagte, dass es so etwas in seinem Leben nicht gebe. Alles laufe nach Plan. Das Geschäft floriere, die Bankkonten seien gefüllt. Überhaupt sei eigentlich alles in Ordnung, nur lege er in den letzten Jahren an Gewicht zu und auch fühle er sich an manchen Tagen nicht voll und ganz leistungsfähig. Das kenne er von sich nicht. Das bereite ihm Sorge.

Um es vorwegzunehmen: Klaus verharmloste seine Situation. Er stand nach meiner Einschätzung kurz vor einem Burn-out. Er war überarbeitet und zeigte jene Symptome, die ich mit „fett-ausgebrannt" bezeichne – zu fett und zu energiearm auf körperlicher, mentaler und seelischer Ebene. Er gab sogar zu: Wo er früher überraschende Lösungen fand, verließ er sich heute auf seine Gewohnheiten. Er empfinde seinen Erfolg als Langeweile. Er habe, so vermutete er, seine Kreativität verloren. Als er das sagte, wirkte er traurig und fügte an, es liege wahrscheinlich an seinem Gewicht, er sei einfach zu träge, um sich zu bewegen, und auch zu müde, um sich mental anzustrengen.

Das waren ehrliche Worte. Ich schlug ihm vor, zuerst mit dem Naheliegenden zu beginnen und ihn wieder in eine gute körperliche Verfassung zu bringen. Klaus war bereit, meiner Methode als Gesundheitscoach zu folgen. Er stellte tatsächlich seine Ernährung um und integrierte halbstündige tägliche Spaziergänge in seine Terminplanung. Dann, rund zwei Monate später, wagten wir uns an die mentale Erschöpfung. Denn noch immer fand er keinerlei Freude an seinen Aufgaben. Ich vermutete dort den Seelenknoten und bat ihn, von einem prägenden Erlebnis aus der Kindheit zu erzählen. Er antwortete, ohne zu überlegen: „Das war die Pleite meiner Eltern." Dann erzählte er, dass er als Jugendlicher miterleben musste, wie der elterliche Betrieb im Desaster endete. Es ging sozial bergab mit der Familie. Der Niederlage folgte kein Neuanfang. Man musste aus dem Haus in eine Sozialwohnung ziehen, das Auto verkaufen. Sparen. Sparen. Sparen. Das war das Motto seiner Jugend. Das hat bei Klaus tiefe Spuren im genetischen Gedächtnis hinterlassen. Stets war seine größte Sorge, in einen Abwärtsstrudel zu geraten. Obwohl sein Unternehmen mit besten Zahlen bilanzierte, obwohl es zu den Top Five seiner Branche zählte, war er getrieben von der Angst, er könnte wie seine Eltern in der Pleite enden. Obwohl er wusste, dass er mittlerweile erfolgreich und vermögend war, konnte er sich über seinen Erfolg nicht freuen. Dabei hätte er loslassen können. Er hatte den Kampf um Erfolg und Anerkennung längst gewonnen! Als Klaus diesen Zusammenhang erkannte, wurde er sehr leise. Noch einmal stiegen die Bilder der fast gebrochenen Eltern vor seinem geistigen Auge hoch, noch einmal der private Umzug in engste Verhältnisse, noch einmal durchlebte er die ganze Schmach. Unbewusst pflegte er diese Angst – und sie zermürbte ihn.

Sobald wir unsere Seelenknoten erkennen, sobald wir zulassen, dass sie aus dem Unterbewusstsein zurückkehren und wieder an der Oberfläche auftauchen, können wir sie lösen. Danach wird es leichter gehen und der Impuls zu einer Veränderung wird gesetzt. Auch, wenn es dann immer noch kein Automatismus ist und es weiterer Arbeit bedarf.

Als ich Klaus die Frage stellte, was heute sein persönliches Warum sei, zuckte er mit den Schultern. Die Firma jedenfalls sei es schon lange nicht mehr. Er konnte in diesem Moment loslassen, als ihm klar wurde: Er steht im Leben nicht mehr an dem Angstpunkt seiner Jugend. Diesen hatte er seit vielen Jahren überwunden. „Und heute? Was ist Ihr neues Warum?", frage ich ihn. Warum sollte er morgens aufstehen, seine Aufgaben erfüllen und darin einen Sinn sehen? „Darüber habe ich mir nie Gedanken gemacht", war seine Antwort. Klaus wirkte hilflos. Da stellte ich ihm die Reizfrage: „Was wäre, hättest du nur noch zwölf Monate zu leben? Was würdest du unbedingt erledigen? Was wäre dir eine wirkliche Herzensangelegenheit? Dabei ist alles möglich. Es gibt keine Hindernisse, die dein Tun beeinträchtigen könnten." Klaus wurde nachdenklich und sagte: „Ich bin jetzt 60 Jahre, habe mehr als 40 Jahre geschuftet. Wenn ich nur noch zwölf Monate zu leben hätte, würde ich die Firma verkaufen und mit meiner Frau auf einer Yacht um die Welt reisen. Ich würde jeden Kontinent betreten wollen, auf jeden Erdteil einige Schritte setzen." Traurig fügte er an: „Aber es geht nicht. Ich habe Verantwortung. In der Firma."

Wir betrachteten seine Situation aus einer distanzierten Perspektive. Klaus blickte wie ein neutraler Beobachter auf sich selbst: Da stand ein Mann, der Energie in ein Ziel investierte, das er schon vor langer Zeit erreicht hatte. Immer wieder lief er darauf zu. Dabei florierte sein Unternehmen, nie war er einer Pleite ferner. Und dieser Mann wurde fett, traurig, energielos mit jedem Sprint auf immer derselben Strecke. Und das Ergebnis? Sie ahnen es. Erst spielte er nur gedanklich mit der Idee, auf Weltreise zu gehen. Dann informierte er sich in Reisezentren und in Reiseblogs. Ein Jahr später verabschiedete er sich aus seinem umstrukturierten Unternehmen. Er hatte Verantwortung auf Manager und Teams übertragen. Er brach mit seiner Frau auf, um die Antarktis, Australien, Asien, Afrika, Europa, Nord-Amerika, Süd-Amerika zu bereisen. Zum Abschied klopfte er mir dankend auf die Schulter: „Wie gesagt, auf jeden Kontinent werde ich meinen Fuß setzen."

Überdenken Sie regelmäßig, ob Ihr Ziel noch zu Ihnen passt, ob es vielleicht schon hinter Ihnen liegt und ob es Zeit wird, ein neues Ziel zu definieren. Das Leben ist im Fluss. Was früher wichtig war, hat vielleicht heute keine Relevanz mehr für Ihr Glück. Stellen Sie sich deshalb die Reizfrage:

• Was würden Sie tun, wenn Sie nur noch wenige Monate zu leben hätten?

  – Welches Gepäck würden Sie abwerfen?
  – Welchen neuen Weg würden Sie dann gehen?
  – Was wäre Ihr Warum, was der Sinn Ihres Tuns?

→ Wenn Sie merken, dass Sie zu viel grübeln und dabei energiearm werden, nehmen Sie sich eine Auszeit. Zeichnen Sie auf ein Blatt Papier in der Mitte eine vertikale Linie.

In die linke Hälfte schreiben Sie all die wirklich wichtigen, negativ prägenden, für Ihre Entwicklung bedeutsamen Ereignisse. In der rechten Spalte schreiben Sie all die positiven prägenden Ereignisse auf. Beides gehört zu Ihrem Leben dazu, diese Prägungen haben Sie bewusst oder unbewusst zu Ihrer Persönlichkeit gemacht. Beides ist gleichgültig, denn es gehört beides zu Ihrer Persönlichkeit. Aber wenn Sie energiearm und negativ sind, sind es ihre negativen Erfahrungen (Seelenknoten), die sie gefesselt halten. Diese Seelenknoten sind Ballast auf Ihrem Weg und blockieren Ihre mentale und seelische Kapazität. Lassen Sie sie los, diese Erfahrung ist durchlebt und bezahlt. Nur so können Sie wieder in Ihre volle Energie und in Ihr vollumfängliches Potenzial kommen, bzw. in ihrem persönlichen Zellglück ankommen.

Die französische Sängerin Edith Piaf singt in Ihrem Song „Non, je ne regrette rien" folgenden Text.

Non, rien de rien
  Non, je ne regrette rien
  Ni le bien qu'on m'a fait
  Ni le mal
  Tout ça m'est bien égal
  Non, rien de rien
  Non, je ne regrette rien
  C'est payé, balayé, oublié
  Je me fous du passé [1]

Der Liedtext stammt von Charles Dumont und Michel Vaucaire. Er lautet in deutscher Übersetzung:

Nein, gar nichts
  Nein, ich bereue nichts
  Nicht das Gute, das mir widerfahren ist
  Nicht das Schlechte, all das ist mir egal
  Nein, gar nichts

Nein, ich bereue nichts
Es ist bezahlt, weggefegt, vergessen,
Die Vergangenheit kann mich mal [2]

8.2   Ihre Zielschablone

Kommen wir zur Essenz dieses Kapitels: Lassen Sie los von
überholten Zielen – und werden Sie immun gegen die Anerkennung der anderen. Was nützt Ihnen der Applaus,
wenn Sie selbst eine Leere im Herzen fühlen? Was nützt
Ihnen die Anstrengung, andere zu beeindrucken, wenn Sie
sich daran erschöpfen? Die Orientierung im Außen ver-
ringert Ihre Energie. Es entsteht eine Inkohärenz zwischen
Handeln und Fühlen, zwischen Verstand und Herz. Wer
für einen Marathon trainiert, sollte das ausschließlich tun,
weil es ihm ein tiefer Wunsch ist. Wer den nächsten
Karriereschritt anstrebt, dafür Lehrgänge, Überstunden,
Zusatzarbeiten übernimmt, der sollte sich fragen: Was ist
mein innerer Antrieb? Was ist mein Warum? Bringt es mich
aus der Komfortzone und trägt es zu meinem persönlichen
Wachstum bei? Wunderbar. Dann liegt der Benefit dieser
Anstrengung bei Ihnen – die anderen haben keinen Einfluss und keinen Vorteil. Dann schieben Sie Ihre Schubkarre aus Eigenmotivation. Wenn Sie jedoch zögern und
sich eingestehen, Sie laufen einen Marathon einzig, um den
Partner zu beeindrucken, dann wird die Last auf Dauer zu
gewaltig sein. Ein derartiger Stressreiz entspringt nicht Ihrer
inneren Überzeugung!

Wenn Menschen sich erschöpfen oder gar scheitern, liegt
das meist an einem von zwei Gründen: Entweder laufen sie
auf der immer gleichen Strecke dem immer gleichen Ziel
entgegen. Oder sie bewegen sich auf fremden Wegen. Beides schadet den Zellen. Anfangs mag das Ego noch antreiben, denn es liebt das Lob der anderen. Auf Dauer aber

machen diese Reize keine Freude. Man sieht irgendwann den Sinn der Zielerreichung nicht mehr. Man wird traurig mit den Jahren. „Die Ärzte" haben diese Gefahr in ihrem „Lied vom Scheitern" vertont:

> „Ich dachte, ich könnte es erzwingen.
> Der Selbstbetrug tat mir nichts bringen, denn
> Du bist immer dann am besten, wenn es dir eigentlich egal ist.
> Du bist immer dann am besten, wenn du einfach ganz normal bist.
> Du bist immer dann am besten, du musst das nicht mehr testen.
> Dein Spiegelbild ist anderen egal" [3].

Finden Sie die Sinnhaftigkeit in Ihrem Tun! Was ist Ihr *Warum*, was der größere Zweck Ihres Schaffens?

Ich hatte eine schwierige Kindheit. Ich hätte depressiv werden können, ausgebrannt schon, bevor ich mich überhaupt auf den Erwachsenen-Weg begeben konnte. Bin ich nicht. Ich stehe mitten im Leben, genieße (fast wieder) jeden Tag. Ich tue alles dafür, um körperlich fit, zellgesund zu bleiben. Weil ich weiß, ich kann nur dann aus meiner vollen Energie schöpfen, wenn ich akzeptiere, was damals war. Jede Medaille hat zwei Seiten. In meinem Fall hätte ich lamentieren können, das Leben als Last empfinden können. Wenn die Mutter Selbstmord begeht, bricht für Kinder die Welt zusammen. Nichts kann das erklären, kein Argument kann trösten. Ich bin daran nicht zerbrochen. Ich habe diese Medaille des Schicksals umgedreht und mir gesagt: Auf der anderen Seite von Pech liegt das Glück. Auf der anderen Seite von Trauer die Lebensfreude. Auf der anderen Seite von Verlustängsten liegt das Vertrauen.

Ohne all meine Erfahrungen wäre ich heute ein anderer, würde dieses Buch nicht schreiben. Vielleicht hätte ich sogar einen anderen Lebenssinn für mich definiert. Als auf dem Jakobsweg dieser Seelenknoten platzte, war damit der Schmerz zwar nicht verheilt, aber ich wurde fähig, mit den Erfahrungen langsam Frieden zu schließen. Auch das ist ein Prozess gewesen. Ganz langsam näherte ich mich meinem Zweck, meinen großen, sehr persönlichen Zielen im Leben. Dafür habe ich ein Akronym gefunden. Wenn ich heute vor Entscheidungen stehe, dann halte ich dieses Akronym wie eine Schablone darüber. Ich checke meine persönlichen Fakten. Mein Akronym lautet WEITE und die Versprechen dahinter sehen folgendermaßen aus:

> **Übersicht**
>
> W = Welt bereisen,
>   E = körperliche, geistige, seelische Entwicklung,
>   I = Inspiration aufnehmen und geben,
>   T = toller Vater, Freund und Coach sein,
>   E = eigener Chef sein und bleiben.

Über jede Veränderung, jede Entscheidung lege ich diese Schablone. Wenn es passt, bin ich auf dem richtigen Weg. Sollte hingegen nur eines dieser Versprechen sich als nicht erfüllbar abzeichnen, dann lasse ich los von diesem privaten oder beruflichen Projekt. Es wäre nicht gut für mein Zellglück. Auch wenn andere mich überreden möchten, ich solle zugreifen, es sei eine Chance – ich schüttele den Kopf und weiß: Jede Entscheidung ist subjektiv. Ich kann mir die Meinung der anderen anhören, kann durchaus Gründe für deren Einwände erkennen. Und doch wäre es ein Fehler, gegen meine eigenen Werte, gegen meine eigene Schablone zu entscheiden. Denn niemand kann je des anderen Erfahrungen, Erlebnisse, Wünsche gänzlich nachvollziehen. Jedes Zellsystem arbeitet einzigartig. Es ist nie zu kopieren und nie von außen zu verstehen.

Nur Sie selbst wissen, was Sie tief im Innersten glücklich macht. Deshalb lohnt es sich, einen Tag lang in Klausur zu gehen und sich zu fragen: Was ist mir wirklich, wirklich wichtig im Leben?

Ihr persönliches Akronym – Eine Schablone für Ihre Ziele

Nehmen Sie alte Konflikte und Verluste hin. Sie können Geschehenes rückwirkend nicht mehr verändern. Allerdings können Sie daraus lernen. Sie wissen, was Sie nicht mehr in Ihr Leben einladen werden, wo Sie besser zurücktreten, statt vorzupreschen. Manches, das früher schmerzte, können Sie heute als Ballast abwerfen oder schlichtweg die Medaille umdrehen und die Gegenseite betrachten. Sie wären nicht an dieser Stelle, an der Sie heute stehen, hätten Sie Ihre Ängste, Ihre Niederlagen, all die unliebsamen Situationen nicht erlebt. Es hat Sie geprägt. Es gehört zu Ihnen. Sehen Sie sich noch einmal das Blatt Papier mit Ihren einschneidenden negativen Erlebnissen auf der linken Seite und den prägenden positiven Vorkommnissen auf der rechten Seite an.

- Welches negative Erlebnis werden Sie als Last vermutlich noch ein Stück mitschleppen müssen?
- Von welchem können Sie sich verabschieden, weil Sie die Lektion gelernt haben und niemals wieder über Ähnliches stolpern werden?

Nehmen Sie sich Zeit dazu, denn diese Reflexion führt Sie zu der Frage:

- Warum trete ich *heute im Hier und Jetzt* an? Wofür möchte ich in den nächsten Jahren meine Energie in Form von Zeit-ATP- und Geld investieren?

Um diese Frage zu beantworten, ist es wichtig, dass Sie Ihre aktuellen Werte erkennen. Werte, die Sie bis hierher gebracht haben, müssen nicht mehr dieselben Werte sein, wie die, die Sie heute als wertvoll empfinden. Werte setzen sich aus moralischen, kulturellen, umweltbedingten und persönlichen Aspekten zusammen.

Solange Sie mit Ihren Werten im Einklang entscheiden, fühlen Sie sich ihre Entscheidungen im Leben stimmig an.

Ich will Ihnen deshalb einige Werte nennen. Kreisen Sie Zehn dieser Werte ein, nach denen Sie in Zukunft unbedingt handeln wollen, um sich stark, authentisch, zufrieden zu fühlen.

In einem zweiten Durchgang streichen sie fünf Werte, die Ihnen nicht so wichtig erscheinen, wieder heraus.

Aus den bestehenden fünf Werten entsteht in einer kreativen Stunde schließlich Ihr ganz persönliches Akronym.

Werte sind zum Beispiel (in unsortierter Reihenfolge):

- Frieden
- Gerechtigkeit
- Leistung
- Familie
- Mut
- Gesundheit
- Fitness
- Verlässlichkeit
- Unabhängigkeit
- Freiheit
- Gerechtigkeit
- Lernen
- Liebe
- Aufrichtigkeit
- Erfolg
- Freundschaft
- Sicherheit
- Abenteuer
- Integrität
- Wissbegierde
- Spontaneität
- Achtsamkeit
- Solidarität
- Sparsamkeit

- Sorgfalt
- Harmonie
- Ästhetik
- Intuition
- Ordnung
- Pünktlichkeit
- Selbstvertrauen
- Toleranz
- Zielstrebigkeit
- Begeisterungsfähigkeit

→ Weitere mögliche Werte finden Sie unter dem folgenden Link in alphabetischer Reihenfolge: https://www.wertesysteme.de/alle-werte-definitionen/ (Zugegriffen am 21.02.2022).

Ihr Akronym ist die Summe Ihrer fünf Leitwerte, es spiegelt gleichsam Ihre Moral und Ihre aktuelle Zielvorstellung im Leben. Spielen Sie also mit den Anfangsbuchstaben Ihrer Werte, bis ein Wort entsteht, das Ihnen gefällt. Es wird Ihre Schablone sein, um Entscheidungen mehr aus dem Herzen als aus dem Verstand zu treffen.

Sie werden jetzt sicher bemerkt haben, dass mein persönliches Akronym Weite sich nicht aus den bekannten Definitionen ableiten lässt.

In meiner Werte-Analyse habe ich die fünf für mich wichtigsten Werte persönlich definiert (Gesundheit und Fitness habe ich zusammengefasst) und schon etwas weiter ausgebaut, was ich persönlich damit verbinden möchte.

Folgende fünf Werte habe ich für mich herausgefunden: Unabhängigkeit, Abenteuer, Mut, Gesundheit/Fitness und Liebe (die Reihenfolge hat übrigens nichts mit der Wertigkeit zu tun!)

Aus diesen Werten habe ich dann folgende persönliche Ableitungen entwickelt.

- Aus Abenteuer wurde W = Welt bereisen.
- Aus Gesundheit und Fitness wurde E = körperliche, geistige, seelische Entwicklung.
- Aus Mut wurde I = Inspiration aufnehmen und geben.

- Aus Liebe wurde T = toller Vater, Freund und Coach sein.
- Aus Unabhängigkeit wurde E = eigener Chef sein und bleiben.

Hier ist also etwas Kreativität gefragt, bevor man seine persönliche Lebensschablone entwickelt hat.

Diese fünf Säulen meiner persönlichen Lebensschablone muss ich nun nur noch mit Unterzielen füllen, die ich mit vornehme. Hier einige Beispiele:

- Auf der Säule Liebe: Jeden Montag einen Nachmittag mit den Kindern Qualitätszeit verbringen.
- Auf der Säule Mut: das Buch veröffentlichen.
- Auf der Säule Unabhängigkeit: meinen Gewinn in meiner Firma um Summe X zu erhöhen.
- Auf der Säule Gesundheit und Fitness: Mit 46 Jahren in der besten körperlichen und mentalen Verfassung meines Lebens sein.
- Auf der Säule Abenteuer: den höchsten Berg Europas (Elbrus) besteigen.

Wenn ich ein Ziel erreicht habe, kann ich pro Säule ein neues Ziel definieren. In welche Säule ich Energie in Form von Zeit-Geld und ATP investiere, entscheidet das Leben oftmals.

Aber bei keiner Zielerreichung limitiere ich mich, denn die Säulen sind nach oben offen und somit Zeitlebens mit neuen Etappenzielen zu bestücken – solange dieser Wert zu meiner aktuellen Lebenssituation passt.

Es wird nie Langweilig. Aber bitte bedenken sie, ein Wert der heute zu Ihnen passt, kann sich im Laufe der Zeit verabschieden.

Des Weiteren sollen sie sich immer die Frage stellen, welche Erfahrung sie mit diesem Ziel erleben möchten.

Bei der Buchveröffentlichung möchte ich persönlich die Erfahrung machen, keine Angst vor Kritik (die zwangsläufig kommen wird) zu haben, also meinen Wert Mut mit Erfahrung füllen.

Bei dem Ziel Qualitätszeit mit den Kindern verbringen, möchte ich den Kindern die in meinen Augen wichtigste Zutaten für eine Vater-Kind Beziehung geben, Zeit und Aufmerksamkeit, somit erhalte ich die Erfahrung von einer tiefen Verbindung/Liebe.

Am Ende des Lebens ist es nicht entscheidend ob wir unsere Ziele erreicht haben, sondern welche Erfahrungen wir auf dem Weg zur Zielerreichung gemacht haben. Somit werden wir auf dem Weg zur Zielerreichung unser Tempo gehen, und immer das Gefühl haben schon angekommen zu sein.

Und somit wird der Weg zum Ziel.

Literatur

1. https://www.musixmatch.com/lyrics/artist-971/Non-je-ne-regrette-rien-1. Peermusic Publishing, Reservoir Media Management Inc, Semi, Warner Chappell Music, Inc, Societe D'editions Music.int.(semi), Siegel Ralph Maria Musik Edition Nachfolger K, Barclay Music Division, The
2. https://www.songtexte.com/uebersetzung/edith-piaf/non-je-ne-regrette-rien-deutsch-73d6e635.html. Zugegriffen am 14.03.2022
3. Die Ärzte (2007) Lied vom Scheitern. In: Album „Jazz ist anders". Hot Action Records, Berlin

9

Die Zukunft denken

Wie funktioniert es, dass Sie jeden Morgen aufstehen, dass Körper und Geist fit sind? – Nun, Ihre Zellen halten Sie am Leben. Diese kleinsten Bausteine all Ihrer Vitalsysteme arbeiten ohne Unterlass. Sie wehren Krankheiten ab, entgiften den Körper, produzieren Ihre Energie. Sie schützen Ihre DNA und speichern all Ihre Erfahrungen, damit Ihre Zukunft besser werden kann, als die Vergangenheit es war. So lange die Zellen das alles für Sie erledigen, dürfen Sie atmen und denken und fühlen. Sie dürfen sich jeden Morgen neu überlegen: Was fange ich an mit diesem Tag, damit er zu den besten zählen wird?

Das Leben entsteht durch den Stoffwechsel in den Zellen, durch eine ständige Selbstregulation aller Prozesse. Diese Erkenntnis ist nicht neu. Sie ist erforscht durch die Wissenschaft. Datenauswertung und Analyse beweisen die Kraft der menschlichen Zellen. Aber der Mensch wäre nicht das neugierigste und intelligenteste aller Säugetiere, würde er sich mit diesen Fakten zufriedengeben. Der Mensch denkt per se über den Status quo hinaus und auch die Erkenntnisse der Naturwissenschaften bilden für seine Ge-

© Zellglück GmbH 2022
M. Göbbels, *Lebensziel: Glücklich sein*,
https://doi.org/10.1007/978-3-658-36901-9_9

danken keine Barrieren. Und hier kommt der Glaube ins Spiel. Wie wäre es, so fragt der Mensch seit jeher, würde es hinter dem Wissen einen weiteren Denkraum geben, einen, den wir weder erklären noch beweisen können?

Kulturen und Religionen öffnen die Räume für Vorstellungen jenseits naturwissenschaftlicher Fakten. Und es sind diese Geschichten, die uns Kraft und Zuversicht geben, die unsere Intuition im Leben wachhalten. Auch wenn die Biologie eines Menschen sich nahezu entschlüsselt zeigt, so sagt doch die Intuition: Da könnte es noch etwas Anderes geben, das uns leitet. Es mag vielleicht nicht zu analysieren sein, nicht in eine Statistik passen. Es mag ein flüchtiger Stoff sein, der uns zusätzlich den Weg im Leben weist. Ich nenne diesen Stoff Intuition. Sie ist die Rückseite der Medaille, wenn die Vorderseite der wissenschaftliche Beweis ist. Und in all meinen Forschungen rund um die menschliche Zelle habe ich erfahren, dass Zellen nicht nur durch gesundes Essen, Bewegung und durch soziale Kontakte funktionieren. Auch die hellen Gedanken sind für ihre Gesundheit relevant. Wer Emotionen wie Zuversicht, Hoffnung, Freude und Selbstliebe pflegt, unterstützt seine Zellen! Und wer darüber hinaus an etwas Größeres glaubt, an eine Macht, die ihn trägt in schwierigen Zeiten, die ihm zur Seite steht, was immer geschieht, der wird gelassener leben. Es ist der Spot, der von irgendwoher ein Licht auf Sie wirft. Es ist das unabdingbare Festhalten an der kindlichen Gelassenheit, dem Urvertrauen darauf, dass Ihr Leben gelingen wird! Dieser Satz kann ein Turbo für Ihre Zellen sein.

9.1 Mentale Energie –

Sehen wir uns einmal die „geistige Steuerung" der Energie in den Zellen an. Denn diese hat einen immensen Einfluss darauf, wie sich Ihre Zukunft gestalten wird. Es gilt der

Grundsatz der geistigen Hygiene: Wie Sie denken und fühlen, so wird der Energiefluss gesteuert.

Wenn ich hier von „geistiger Steuerung" der Energie schreibe, meine ich nicht das ATP, das Ihre Mitochondrien produzieren. Sondern ich meine jene seelische Energie, die sich nach Ihrer Aufmerksamkeit richtet. Konkret: Denken Sie an den Verlust Ihres Arbeitsplatzes, werden sich Ihre Zellen darauf einstellen, dass Sie tatsächlich Gefahr laufen, den Arbeitsplatz zu verlieren. Ähnlich wie das Verbot, an rosa Elefanten zu denken, führt Ihnen genau dieses Denkverbot den verbotenen Gegenstand vor Augen. Gedanken beeinflussen Ihr Fühlen, und Ihr Fühlen beeinflusst Ihr Handeln. Ihre Zellen erzeugen die entsprechende Energie. Ein Dominoeffekt entsteht: Aus einem Gedanken kann am Ende eine Wahrheit werden. Wenn Sie hingegen daran glauben, dass Sie in genau diesem Job eine vorbildliche Karriere hinlegen werden, dass Sie mit all Ihren Talenten und Kräften glänzen werden, dann verbinden Sie sich mit der Kraft Ihres Geistes. Sie glauben an sich und an eine gute Zukunft, Sie werfen ein Licht auf Ihrem Weg voraus.

Geistige Zellenergie beeinflusst all Ihre Körpersysteme. Deshalb sollten Sie schlechte Energie in Ihrem Umfeld meiden und auch selbst einmal täglich eine Zellhygiene durch Gedanken betreiben. Vermeiden Sie Angst, Wut, Hoffnungslosigkeit, Zorn.

Ein zorniger Mensch wird seine Umwelt in dunklen Farben sehen – und genau diese Farben werden auf ihn zurückgeworfen. Er fühlt den Zorn, er denkt den Zorn und er handelt im Zorn. Seine Umwelt wird ihm nicht wohlwollend und lächelnd begegnen, sondern das spiegeln, was von ihm ausgeht: ein dunkles Gefühl. Das wiederum nehmen seine Zellen auf. Pures Gift! Fortan arbeiten seine Zellen auf Hochtouren, um das Gift zu neutralisieren. Aber der zornige Mensch fügt mehr und mehr seiner destruktiven Erlebnisse den Zellen zu, bis sie irgendwann aufgeben und sich dem Denken und Fühlen dieses Menschen unterordnen. Das hat Auswirkungen auf den gesamten Geist und Körper. Am Ende leidet die Seele chronisch. Kaum etwas bewirkt einen größeren Schaden als ein latent hoher Pegel schlechter geistiger Energie. Weder gesundes Essen noch Sport noch der Verzicht auf Alkohol und Nikotin kann dann das Vergiften der Zellenergie aufhalten. Die Zellen ermüden. Sie stellen nicht mehr genügend ATP her.

→ Die Energie verändert sich entsprechend Ihren Gefühlen und Gedanken. Wo Sie Ihre Aufmerksamkeit einsenden, dorthin fließt die Energie und kehrt in gleicher Färbung zu Ihnen zurück.

9.2   Eine positive Wahrnehmung erzeugt positive Energie

Stellen Sie sich eine Blume vor. Sie öffnet sich, blüht auf, wenn die Bedingungen stimmig sind. Dann fühlt sie sich getränkt, genährt, sie wird von der Sonne in einer angenehmen Temperatur beschienen. Sobald sich die Einwirkungen verändern, verändert sich auch der Zustand der Blume. Sie verschließt sich, will sich schützen vor negativen Einflüssen – und finden diese Einflüsse weiterhin statt, strömen ohne Unterlass ungünstige Bedingungen auf sie ein, wird die Blume absterben. Ähnlich geht es Ihren Zellen. Negative Wahrnehmungen im Inneren und negative Einflüsse von außen stressen die Zelle, schalten den Überlebensmodus ein. Das mag eine Zeit lang funktionieren, aber bald schon werden sich Symptome der Übermüdung, des Energieverlustes zeigen. Wachstum und Entwicklung? Stagnation und Abbau? – Sie entscheiden, was in Ihren Zellen geschieht.

Als Mentalcoach stelle ich meinen Kunden, die sichtbar an geminderter geistiger Energie leiden, folgende Fragen:

* Lieben Sie, was Sie tun?
* Schätzen Sie Ihre Talente und Stärken?
* Leben und arbeiten Sie in einem wertschätzenden Umfeld?
* Empfinden Sie Freude und Zuversicht, wenn Sie aufwachen?
* Fühlen Sie sich motiviert, Ihre Ziele zu erreichen?
* Passt Ihr Ziel noch zu Ihren Umständen oder ist es ein Ziel, das Sie bereits überholt haben, ohne es zu merken?
* Senden Sie Ihrem Weg gute Gedanken voraus?
* Sind Sie wirklich auf dem für Sie richtigen Weg und würden Sie unter keinen Umständen abbiegen?

Wenn Sie jemals den Jakobsweg entlanggepilgert sind, werden Sie festgestellt haben: Sie brauchen keine Schilder am Rand, um die Richtung zu halten. Denn sobald Sie sich verlaufen, verändert sich die Atmosphäre. Anfangs mögen Sie eine vage Ahnung haben, dass etwas nicht stimmt. Wenige Meter weiter bestätigt sich dieses Gefühl. Sie merken: Die Schmetterlinge fehlen. Die gibt es nur auf dem richtigen Weg. Denn nur dort sind die Energiefelder stimmig.

Als ich das während meiner Pilgerreise bemerkte, war ich zunächst verblüfft – und spürte genauer hin: Die Energiefelder hatten sich verändert, die Leichtigkeit auf dem Weg war nicht mehr vorhanden. Und auch ohne Richtungsschild wusste ich, dass ich mich verlaufen hatte. Dieses Erlebnis habe ich mit in meinen Alltag genommen. Sobald ich atmosphärisch ein Störgefühl empfinde, frage ich mich: Gibt es noch Schmetterlinge neben mir – oder habe ich mich verlaufen? Dann ändere ich die Richtung. Denn je weiter man auf einem falschen Weg voranschreitet, desto anstrengender wird die Umkehr. Das gilt für Konflikte im Beruf, die wir austragen, obwohl ein Ergebnis nicht sichtbar ist und die Energie aufgezehrt wird. Das gilt für Beziehungen, die mehr Energie rauben, als sie zu geben fähig sind. Das gilt ebenso für Aufgaben, die wir aus Routine erledigen, die uns aber in der persönlichen Entwicklung nicht weiterbringen. Und es gilt auch für eine Entscheidungssituation, in der die Gelassenheit abhandenkommt, weil die geistige Energie dieser Entscheidung entgegensteht.

All das schadet den Zellfunktionen! Hier wäre ein Stopp-Zeichen gut, um nicht weiter in die falsche Richtung zu marschieren. Im Sport gibt es dafür das Timeout. Eine Minute lang steht das Spiel still und die Gedanken können sich neu sortieren. Wie im Basketball ein Trainer dieses Zeichen setzt, um die Spielzeit anzuhalten, sollten auch Sie sich ein solches Zeichen der kurzen und entscheidungskräftigen Besinnung setzen: Innehalten! Den Weg überdenken und Energien schonen. Das Timeout hätte ich mir übrigens als Fußballtrainer oftmals gewünscht. Einfach ein Stopp setzen können. Aber im Fußball brüllt man sich als Trainer am Spielfeldrand die Seele aus dem Leib, ohne dass die Worte die Spieler erreichen, geschweige denn deren Energie verändern. In der Halbzeit hat man als Coach nur noch die Möglichkeit, auf mentaler Ebene etwas zu verändern, aber leider ist es dann manchmal schon zu spät.

So geschieht es auch, wenn Sie sich sagen: Mal sehen, was wird. Irgendwann wird es vielleicht besser. Nein! Wird es nicht. Die Aussage ist zu vage. *Irgendwann* ist kein Ziel. *Vielleicht* bietet keine Entschlusskraft. Wie im Timeout setzen Sie bitte ein Zeichen. Sofort. Stopp. Jetzt. Umdenken. Neustart. Profis zögern nicht. Sieger formulieren auch keine Misserfolgsvermeidungsstrategie. Sie sagen nicht: Hoffentlich verliere ich nicht. Sie sagen: Jetzt knalle ich diesen Ball ins Tor! Sagen Sie deshalb mit vollster Inbrunst der Überzeugung: Ab sofort bin ich glücklich!

→ Sie bestimmen, wie Sie die Welt wahrnehmen. Sie setzen die positive Aufmerksamkeit. Sie erzeugen Ihre Energie. Niemand sonst kann das für Sie unternehmen. Auch ein Coach ist nur fähig, Impulse zu setzen. Gehen müssen Sie den Weg selbst. Ich halte viel davon, die Zellen durch bewusstes Atmen zu nähren, den Schritten einen guten Gedanken vorherzusenden. Aber dann: Stehen Sie auf, gehen Sie die Schritte! Allein vom Sitzen und Denken und Atmen ist noch niemand ans Ziel gekommen.

Das Gesetz der Anziehung

„Ihre gegenwärtigen Gedanken erschaffen Ihr künftiges Leben. Woran Sie am häufigsten denken und worauf Sie sich besonders intensiv konzentrieren, wird zu Ihrem Leben werden." Rhonda Byrne, „The Secret" [1]

Machen Sie sich bitte klar: Sie können das Spiel des Lebens nicht gewinnen, denn es ist vergänglich. Warum sich über Missstände ärgern und diese hinnehmen, als gäbe es keine Alternative?

An irgendeinem hoffentlich fernen Tag in der Zukunft wird Ihr Spiel vorbei sein. Kein „replay" möglich. Keine Zelle wird mehr arbeiten, kein Atem ihren inneren Motor mehr antreiben. Ausgelebt. Es gibt keinen Neustart. Niemals dürfen Sie Ihren Weg von Beginn an zwei Mal gehen. Mich macht es traurig, wenn ich merke, wie viele Menschen scheinbar glauben, das Leben sei eine Generalprobe. Sie scheinen zu denken, erst später, in Zukunft, begänne das wahre Spiel. Nein, das Spiel ist jetzt. An jedem einzelnen Tag findet es statt. Heute ist der beste Tag für Sie, um Ihr Spiel zu machen. Nicht morgen, nicht nächstes Jahr. Nur jetzt können Sie über Ihre Gedanken, Gefühle, Reize entscheiden. Seit ich mir diese Tatsache bewusst gemacht habe, bleibe ich gelassen. Ich gebe die großen Themen des Lebens, die ich selbst nicht lösen kann, an etwas Größeres ab. Ich trage die unabdingbare Hoffnung in mir: Das Leben meint es gut und ich darf es genießen! Ich erlaube mir, Freude zu empfinden!

→ Sie haben jeden Morgen die Wahl, sich zu fragen: Will ich leben oder überleben? Will ich Freude empfinden oder Sorgen anziehen? Will ich glücklich sein oder Probleme anhäufen? Sie können handeln – oder warten. Nur ist das Leben auch kein Wartesaal. Ohne Ihre Entschlusskraft wird sich nichts verändern. Und ohne Ihr Urvertrauen für einen guten Weg werden Sie vermutlich bewegungslos bleiben, um Fehler zu vermeiden.

Legen Sie Ihren inneren Schalter um, und zwar auf Zuversicht und Freude. Sie können entscheiden, ob Sie mit Haut und Haar in dieses Spiel des Lebens gehen oder ob Sie am Rande stehen und zweifeln. Risiko gehört zum Leben, ein voller Einsatz birgt auch ein Scheitern. Das sind die Spielregeln. Und wenn Sie sich diese klarmachen, dann kann der Entschluss nur lauten: Ich spiele mit. Ich gebe alles. Vor allem sende ich meine Aufmerksamkeit dorthin, wo die Schmetterlinge fliegen! Dort will ich sein, denn dort ist der richtige Weg.

An dieser Stelle halten Sie bitte einmal inne und fragen sich: Wann flattern für Sie die Schmetterlinge? Bei welchen Aufgaben, Wünschen, Zielen, Träumen, von mir aus auch Routinen, sehen Sie diese farbenfrohen Insekten in der Luft? Sehen Sie noch einmal Ihr persönliches Akronym an, das Sie in Abschn. 8.2 „Ihre Zielschablone" definiert haben. Das ist Ihre Schablone für Ihren individuell richtigen Lebensweg. Nach dem Gesetz der Anziehung entstehen Zuversicht und Freude, wenn Sie Ihren Weg nach dieser persönlichen Schablone finden. Dann wird sich Ihre Zellenergie mit positiven Aspekten aufladen und Sie werden zunehmend leichter und beschwingter auf Ihrem Lebensweg gehen. Und sollten Sie stolpern, weil doch ein Zweifel sich dazwischenschiebt, ob die Richtung für Sie stimmt, dürfen Sie gewiss sein: Dieser Zweifel ist nicht mehr als ein

Fliegenschiss auf Ihrem Weg. Der gehört dazu, aber der wird Sie nicht stoppen, nicht vom Weg abbringen. Denn vor Ihren Augen liegt das Ziel, geformt aus Ihren Werten und Ihren Talenten. Dem folgen Sie voll Freude, weil es aus Ihrem Herzen kommt. Der Zweifel korrigiert vielleicht einzelne Schritte und/oder lässt Sie demütig bleiben, bringt Sie aber nicht vom Wege ab. Das Gesetz der Anziehungskraft wirkt, wenn Sie zutiefst an ihr Ziel glauben. Dann produzieren Ihre Zellen die passende Energie.

9.3 Keine Chance für Energieräuber

Wenn Menschen in Ihrem Umfeld jammern, streiten, sich in Selbstmitleid aalen, dann sollten Sie Abstand halten. Solche Menschen verhindern, dass Schmetterlinge fliegen, dass Sie mit Freude Ihren Weg gehen. Nach dem Gesetz der Anziehungskraft findet in einer Atmosphäre des Jammerns und Streitens kein Glück statt. Meiden Sie ein solches Umfeld. Biegen Sie ab. Andernfalls wird auch Ihr Gehirn vermehrt destruktive Gedanken prozessieren, werden sich Netzwerke der Negativität zwischen Ihren Ohren bilden und von dort Impulse in die Zellen senden. Ich halte ein negatives Umfeld für den Gefahrenfaktor Nummer eins, um zu scheitern.

Positive Energie lenken

Wer sich klarmacht, dass allein er selbst entscheidet, ob er voller Freude sein Leben lebt oder im negativen Dauerstress mehr recht und schlecht soeben überlebt, hat das Gesetz der gegenseitigen Anziehung verstanden: Positives zieht mehr Positives an, Negatives noch mehr Negatives. Wenn wir uns also mit ängstlichen, zweifelnden Bildern und negativen Gedanken befassen, verzehrt sich unsere Energie an diesen Bildern und Gefühlen. Denn wer immer nur die negative Seite der Medaille betrachtet, wird schließlich des Lebens müde. Deshalb: Drehen Sie die Medaille entschieden und bewusst wieder um, so weit, dass wieder Freude und Zuversicht zum Vorschein kommen. Damit richten Sie Ihr Bewusstsein auf eine gute Zukunft aus und generieren wieder Energie. Finden Sie die positiven Aspekte, fokussieren Sie sich auf das Gute. Ähnlich wie Sportler sich immer wieder vorstellen, wie die nächste Übung gelingt, wie sie das nächste Spiel gewinnen, so können auch Sie sich diese Gedankenbilder ausmalen und in jeder Situation positive Aspekte gedanklich herausarbeiten oder sich neu vor Augen führen. Das können Sie trainieren. Ihr Gehirn wird sich daran gewöhnen, es wird Ihnen mental besser gehen. So lassen Sie sich selbst zum Gewinner in Ihrem Leben werden. Sie sind der Mensch, der die dazu nötige Energie in seinen Zellen trägt und der Einzige, der diese auch freisetzen kann.

Neun Schritte, um positive Energie zu lenken:

1. Visualisieren Sie Ihr Ziel, glauben Sie, dass Sie es erreichen, zu 100 Prozent!
2. Fügen Sie diesem Ziel Stimmung und Atmosphäre hinzu. Stellen Sie sich vor, wie Ihr Ziel sich anfühlt, wenn Sie es erreicht haben. Bedienen Sie alle Sinne, um sich Ihre Zielerreichung vorzustellen: Verbinden Sie sich mit der positiven Emotion beim Erreichen des Ziels.
3. Kalkulieren Sie kleine Missgeschicke auf Ihrem Weg mit ein, aber lassen Sie sich die Leichtigkeit nicht nehmen.
4. Sprechen Sie sich selbst Kraft, Kondition, Langmut und gute Laune zu, sagen Sie sich: Das ist mein Weg und den werde ich genießen, ganz egal, was kommt.
5. Wählen Sie Ihre Begleiter mit Bedacht aus. Denken Sie daran: Gute Gefühle und Stimmungen, Liebe und Glück potenzieren sich in Gemeinschaft. Schlechte Gefühle hingegen minimieren Ihre Energie.
6. Lassen Sie sich auf Abenteuer ein! Sagen Sie sich: Routine zu durchbrechen ist wie ein Dünger für persönliches Wachstum.
7. Sehen Sie Fehlern gelassen entgegen. Sie lernen daraus. Sie werden reicher an Erfahrung, wenn sie geschehen.

8. Denken Sie jeden Morgen daran, dass Sie auf der Welt sind, um glücklich zu sein. Das tragen Sie in Ihrem Gepäck – und zwar von Geburt an. Denken Sie jeden Abend noch einmal an das Beste, was am Tag geschehen ist. Anderes blenden Sie aus. Mit dieser Klammer um den Tag erhalten Sie sich die Freude am Sein und werden Freude anziehen.

9. Meiden Sie Druck. Es gibt Tage, da kommen wir schnell voran. Ebenso gibt es Tage, da schwächeln wir. Das Leben ist nicht linear, es wird bestimmt durch Energieschübe und -flauten. Bleiben Sie gelassen. Schwimmen Sie mit dem Strom des Lebens – so wie es die Schildkröten tun: Die lassen sich von den Wellen tragen, statt mühsam gegen den Strom zu kämpfen.

Literatur

1. Byrne R (2007) The secret. Arkana, München

10

Die Zeit ist jetzt

Nicht irgendwelche Umstände verhindern die persönliche Entwicklung. Auch die anderen Menschen in unserem Umfeld tragen keine Schuld, wenn es in unserem Leben nicht bergauf geht. Wir selbst sind es, die uns im Wege stehen, wenn es darum geht, die Zukunft zu gestalten. Der Hauptgrund für das Bremsen in der Gegenwart lautet: Wir bleiben gedanklich in der Vergangenheit stecken. Wir sehen zurück statt nach vorn. Wir lamentieren wegen vergangener Fehler. Damit verstellen wir uns aktiv nicht nur den Blick auf die Zukunft, sondern auch auf die Chancen in der Gegenwart.

Sätze wie „Früher war es besser" oder „Ich leide noch immer unter den Fehlern von damals" sind Bremsklötze vor dem Erfolg. Denn solche Sätze suggerieren: Was einmal passiert ist, wird mich nie wieder loslassen. Es wird mich lebenslang belasten. STOPP! Was einmal versäumt ist, ist tatsächlich vorbei – genau wie das Versäumen. Sie können jederzeit, hier und jetzt, entscheiden: Ab sofort wird alles besser.

© Zellglück GmbH 2022
M. Göbbels, *Lebensziel: Glücklich sein*,
https://doi.org/10.1007/978-3-658-36901-9_10

Rückwärtsgewandt kommen Sie nicht voran, können Sie der Zukunft nicht entgegensehen. Solche Retrospektiven in Dauerschleife tragen nicht zu Ihrem Zellglück bei. Sie hadern mit sich selbst – und bleiben unzufrieden und traurig. Lassen Sie die Vergangenheit los. Sie ist gelebt, vorbei. Sie können sie auch durch weiteres daran Leiden nicht mehr verändern. Doch hier in der Gegenwart dürfen Sie neu starten und sich entschließen, mit leichtem Gepäck weiterzugehen, weil Sie Überflüssiges loslassen.

Deshalb möchte ich Sie ermuntern: Wenn etwas schiefgelaufen ist, nennen Sie das Kind beim Namen. Denken Sie mit all Ihrer Kraft darüber nach, was die Gründe für den Misserfolg waren. Nehmen Sie sich eine zuvor limitierte Zeitspanne, um über dieses vergangene Ereignis zu reflektieren. Und dann atmen Sie aus, drehen Ihre Schultern weg davon und blicken in eine andere Richtung – nach vorn. Nutzen Sie die folgende Formel: *Was heute ist, ist gut so, und morgen wird es besser sein.* Oder Sie sagen sich getreu nach dem Kölschen Grundgesetz: „Et es, wie et es" (§ 1) und „Et kütt, wie et kütt" (§ 2) [1]. Diese Einstellung ist wie ein Booster für Ihre Gesundheit, denn sie vermittelt Ihnen eine gelassene Haltung und verhindert die Sorge um Dinge, die Sie nicht verändern können. Und diese Dinge liegen im Gestern – vielleicht auch im Morgen. Sie können sich über die Vergangenheit ärgern. Sie können sich um die Zukunft sorgen. Wirklich arbeiten an Ihrer Gesundheit und Zufriedenheit, an Ihrem Erfolg können Sie aber nur heute, im Hier und Jetzt. Jetzt ist die Zeit, in der Sie entscheiden, dass Sie Ihrem Leben schöne Erlebnisse hinzufügen.

Nun gebe ich zu: In der aktuellen Lage mag das ein schwieriges Unterfangen sein. Die Pandemie sorgt für wachsenden öffentlichen Dissens, der teilweise unter allem Niveau bis hin zu kriminell eingefärbter Aggressivität reicht und sich über die Zuversicht legt wie ein dichter Nebel. Es ist nicht einfach, seinen Weg leichtfüßig und ohne Angst und Sorgen zu gehen. Sobald wir die Nachrichten einschalten, prasseln Szenarien von Krankheit, Traurigkeit, Gewalt, Korruption, Willkür, Klimaschäden und Hoffnungslosigkeit auf uns ein. Schlechte Nachrichten sind omnipräsent. Wie bitte schön kann es da gelingen, gelassen zu bleiben? Die Antwort ist so einfach wie effektiv: Hören Sie nicht hin. Lassen Sie sich nicht dazu verleiten, an eine schwierige Zukunft zu glauben. Damit will ich die Auswirkungen der Klimasituation und der Pandemie, von Kriegsnachrichten oder anderen Ereignissen im Leben nicht kleinreden, aber ich will, dass Sie sich vor Übertreibungen, Überhitzungen und vor allem vor dunklen Vorhersagen schützen, die am Ende in dieser Dichte nicht eintreffen werden.

10.1 Innere Kommandos: Austarieren per Stehen, Tasten, Setzen

Wie Sie Ihre Wahrnehmung lenken, so wird sich Ihre Energie bilden. Wenn Sie positive Gedanken trainieren, wird auch Ihre Energie entsprechend hell und durchlässig werden. Wenn Sie hingegen ständig ein Menetekel an die Wand werfen, stets vom schlimmsten Ausgang einer Situation überzeugt sind, richten sich Ihre Gedanken und Gefühle danach, dann wird auch Ihre Zellenergie entsprechend beeinflusst. Ein Glas ist, je nach Wahrnehmung, halb voll oder halb leer. Und es kommt der deutschen Mentalität nahe, eher die Leere im Glas zu betrachten, Vorbehalte zu pflegen, sich über einen Mangel zu beschweren. Das alles versetzt Sie in einen Sorgenmodus. Doch es geht auch anders: Vielleicht haben Sie schon mal gehört, dass es in der Sprache tansanischer Ureinwohner kein Wort für Morgen gibt? Dort lebt und handelt man im Hier und Jetzt. Dort haben die Menschen ein Urvertrauen, dass einer guten Gegenwart eine nächste gute Gegenwart folgen wird. Dieser Ansatz besagt: Gib dein Bestes im Moment, dann wird die Sorge um das Morgen überflüssig sein. Das heißt: Probleme sind zu lösen, wenn sie eintreten, und die meisten Probleme treten eh nie ein. Dies ist jedoch kein Aufruf zur Unvernunft, im Gegenteil.

Der Weg in eine gesunde und zufriedene Zukunft beginnt mit Ihrem Handeln hier und jetzt. Dieses müssen wir betrachten und dessen Konsequenzen abwägen. So einfach und so weitreichend ist die Wahrheit für ein gutes Leben: Es ist wie eine Kreditkarte, abgerechnet wird später. Das heißt konkret:

- Wer heute Raubbau an seinem Körper betreibt, wird morgen die Auswirkungen spüren.
- Wer heute seine finanzielle Sicherheit riskiert, wird morgen Schulden haben.
- Wer heute seine Familie und Freunde vernachlässigt, wird morgen getrennt sein.
- Wer heute seine Aufgaben aufschiebt, wird morgen in Stress geraten.

→ Menschen sorgen sich um genau diese vier Bereiche: Gesundheit, Geld, Liebe und Job. Nur wird mit der Sorge allein kein Erfolg erzielt, im Gegenteil. Sorge hält Sie vom Setzen des ersten Schrittes in die richtige Richtung ab. Denn Sorge erzeugt negative Energie – und oftmals Stillstand. Im Sinne Ihrer Zellen wäre es also gut, Sie würden Sorgen vermeiden, indem Sie im Moment Ihr Bestes geben.

Ich habe in den vorhergehenden Kapiteln erwähnt, dass Gesundheit mit einer ausgewogenen Ernährung und mit dem Vermeiden von Giften in der Nahrung beginnt. Liebe und Freundschaft setzen voraus, dass Sie gemeinsame Zeit mit den Menschen verbringen, die Ihnen wichtig sind. Negativen Stress vermeiden Sie, wenn Sie Ihre dringlichen Aufgaben sofort erledigen und wenn Sie sich für die wichtigen Aufgaben wöchentlich ein Zeitfenster offenhalten, damit diese nicht dringlich und am Ende zur Krise werden. Bliebe noch der Umgang mit dem Geld. Geld ist für viele Menschen ein Sorgenfaktor, keine Frage. Aber kann es wirklich glücklich machen? Nach Statistiken steigt der Faktor Glück nicht mehr, wenn Sie mehr als 65.000 Euro jährlich verdienen. Auch drei von fünf Lottogewinnern werden nach etwa einem Jahr nicht mehr glücklicher sein als andere [2]. So ist Geld per se kein Schlüssel zum Glück, sondern bedarf eines Ziels und eines Plans.

Nicht übermütig zu werden, wenn plötzlich Reichtum winkt, ist eine Sache der persönlichen Reife. Und genau deshalb betrachte ich die jungen Fußballprofispieler kritisch, die quasi über Nacht Millionen Euro im Verein wert sind – und die kein Coaching im Umgang mit Geld erhalten. Sie lernen nicht, achtsam zu sein, Demut zu üben. Demut aber sollte der Stoff sein, der jede Energie durchwebt. Alles andere verführt zu einem unvorsichtigen Leben – auch im Umgang mit Geld. Damit meine ich: jede Ausgabe ist auf ihre Konsequenzen hin zu prüfen.

Als ein Kunde zu mir kam und mir von seiner Pleite erzählte, standen ihm die Tränen in den Augen. Er hatte eine Autofirma gegründet, elf Mitarbeiter eingestellt, doch bald schon fraßen die Kosten die Umsätze auf. Ich nannte ihm die Metapher eines Bergsteigers. Der geht nämlich nicht spontan mal munter auf sein Ziel los, sondern berechnet jeden einzelnen aktuellen Schritt und erwägt dessen Konsequenzen, bevor er den nächsten Schritt setzt. Ich bat ihn, sich vorzustellen, er sei in einem unwegsamen Gelände unterwegs. Mit beiden Beinen stehe er auf wackeligem Felsgeröll. Auch ein nächster Schritt bedeutet keinen sicheren Boden. Was macht ein Bergsteiger? Er versucht zunächst in die Balance zu kommen, Trittsicherheit unter den Füßen zu erreichen. Langsam hebt er dann ein Bein, setzt es ab, ohne gleich das gesamte Gewicht darauf zu verlagern. Er testet, ob die Steine tragen. Er kalkuliert das Risiko abzurutschen oder voranzukommen. Erst wenn er merkt, dass das Geröll unter seinen Füßen halten wird, zieht er das andere Bein nach. Und wieder balanciert er seinen Standpunkt aus. Tastet sich weiter vorwärts, ohne ein unnötiges Risiko einzugehen. Hat er das Gefühl, die Steine halten sein Gewicht nicht aus, wird er diesen Schritt nicht wagen. Das ist das beste Vorgehen, wenn wir die Komfortzone verlassen, auch im Umgang mit unserer finanziellen Sicherheit. Wir wissen nicht, was uns jenseits der Grenze erwartet, dieses Terrain ist unbekannt, der Boden meist wackelig. Und doch können hier wunderbare Chancen liegen, kann unser Selbstbewusstsein wachsen, können unsere Talente sich entfalten, wenn wir vorsichtig und bedächtig bleiben, wenn wir die Schritte mit Sinn und Verstand austarieren. Stehen, Tasten, Setzen. Das sind die inneren Kommandos, um nicht in die Sorgenspirale oder gar Stillstand zu geraten.

Die Pleite des Kunden konnten wir im Coaching nicht zurückabwickeln. Aber es war mir gelungen, ihm die Angst vor einem Neustart zu nehmen.

10.2 Durch die Angst hindurchgehen

Angst ist der große Bruder der Sorge. Angst ist das Gefühl, das die Energie in Ihnen lahmlegt. Dabei sind Ängste durchaus wichtig. Sie sind ein Signal, genauer hinzusehen, abzuwägen und vielleicht sogar den nächsten Schritt zu unterlassen. Bedenklich aber wird es, wenn die Angst übermächtig wird und jede Wahrnehmung beeinflusst. Dann wird aus anfänglichem Bedenken eine Blockade zum Handeln. Deshalb höre ich sehr genau hin, wenn das Wort Angst im Coaching fällt. Ich versuche, in den Gesichtern meiner Kunden zu lesen, in welchem Stadium sich die Angst ausbreitet. Während sie anfangs lediglich zu einem Abwägen auffordert, zeigt sie im fortgeschrittenen Stadium körperliche Reaktionen. Angst führt zu Inkohärenz. Das Herz kommt aus dem Takt, die Muskeln spannen sich an. Der Atem wird flacher, die Schweißproduktion steigt. Wir flüchten, greifen an – oder stellen uns tot. Und oftmals kämpfen wir, wo kein Kampf nötig ist, wo Energie verschleudert wird. Wir agieren im Überlebensmodus. Und je mehr und länger wir der Angst nachgeben, desto stärker verschaltet sich das Gehirn auf dieser Angstspur, bis am Ende der Blick für Lösungen fehlt.

Mein Rat ist: Nehmen Sie Ihre Sorgen und Bedenken ernst, aber lösen Sie sie schnellstmöglich durch einen konkreten Plan auf. Im Hier und Jetzt, durch Ihr gegenwärtiges Handeln. Das ist die beste Form, einer Angst vorzubeugen. Und wenn sie bereits da ist und Sie zu lähmen droht? Dann blicken Sie der Angst ins Gesicht. Stellen Sie sich nicht tot. Wägen Sie die Risiken ab – und gehen Sie durch Ihre Angst hindurch. Es gibt wohl niemanden, der vor dem Betreten eines unbekannten Terrains emotionslos bleibt. Auch Sie werden immer wieder an einen Punkt gelangen, an dem Sie zuerst zurückzucken und sich fragen: Werde ich fähig sein, diesen Aufstieg zu meistern? Wird es sich lohnen, jetzt dieses Risiko einzugehen, um in Zukunft besser zu leben?

Solche Fragen sind sinnvoll, denn sie schützen vor unbedachtem Handeln. Fest steht jedoch, dass Ihnen niemand eine Antwort geben kann, ob sich der nächste Schritt lohnen wird, außer Ihnen selbst.

Wenn mich Kunden in einer schwierigen Entscheidungssituation um Rat fragen, ist mein erster Hinweis, dass ich keine Antwort geben kann, dass jeder Mensch seinen eigenen Erfahrungs- und Erlebnishorizont besitzt. Kein anderer kann je diesen Horizont erfassen. Zwar ist es möglich, sich bis zu einem gewissen Grad in eine fremde Situation einzufühlen, lösen aber können wir das Problem eines anderen nicht.

Perspektivenwechsel „Zeitsprung"

Aus der Ratgeberliteratur wissen wir, dass Menschen am Ende des Lebens oft nicht auf Erreichtes stolz sind, sondern vielmehr Versäumtes bereuen. Ob Verbote, Ängste, mangelnder Mut oder Bequemlichkeit sie davon abgehalten haben, einen beherzten Schritt auf dem Lebensweg zu wagen – das Ergebnis ist immer das gleiche: Der dringende Wunsch, damals mutiger und verantwortungsvoller entschieden, sich der Herausforderung gestellt zu haben, vielleicht, sich auf eine bestimmte Person oder Aufgabe eingelassen zu haben, vielleicht aber auch, den Schritt aus einem unbefriedigenden Alltag oder nicht mehr tragfähigen Beziehungen zu gehen.

Wenn Sie vor wichtigen Entscheidungen oder Herausforderungen in Ihrem Leben stehen, die Ihren künftigen Lebensweg verändern oder zumindest stark beeinflussen werden, Sie vielleicht unsicher sind, was richtig oder falsch ist, können Sie neben dem Aufzählen der Pros und Contras und Ihrem inneren Kompass, dem sogenannten Bauchgefühl, ein weiteres hilfreiches Instrument nutzen: Den Perspektivenwechsel.

Stellen Sie sich vor, Sie sind im höheren Rentenalter und sitzen entspannt im Schaukelstuhl, vielleicht in einem schönen Garten in der Sonne, und blicken auf Ihr Leben zurück. Nehmen Sie sich gelassen Zeit – wie ist es wohl gewesen? Gewöhnen Sie sich an die neue Perspektive. Nach einer Weile lassen Sie dann auch die aktuelle Entscheidungssituation Revue passieren – wie blicken Sie darauf wohl nach einem Jahr, nach fünf, zehn, 20 oder 30 Jahren zurück? Welche Konsequenzen hatte Ihre Entscheidung vermutlich kurz-, mittel- und längerfristig für Ihr Leben? Waren Sie damit einverstanden? Wenn nicht, konnten Sie nachjustieren, und wenn ja, wie?

Diese Übung zum Perspektivenwechsel soll Ihnen helfen, herauszufinden, welches Ergebnis Sie selber tief in Ihrem In-

neren wirklich erreichen wollen, um die für Sie bessere Entscheidung zu treffen.

Hier ist meine Anleitung zu diesem Perspektivenwechsel:

- Schließen Sie die Augen.
  Werden Sie ruhig, gelassen und entspannt, damit Ihr
  Unterbewusstsein zu Wort kommen kann.
- Versetzen Sie sich in die fernere Zukunft und blicken Sie
  zurück auf Ihren Lebensweg: Wie fühlt sich welche Alter-
  native wohl nach einiger Zeit im Nachhinein für Sie an?
- Malen Sie sich aus, wie Ihr Leben mit der einen oder der
  anderen Entscheidung verlaufen wäre: Um wieviel rei-
  cher, bunter oder trauriger entwickelte es sich aller Wahr-
  scheinlichkeit nach?
- Im Zweifel: Gibt es wirklich nur ein Entweder – Oder?
  Können Sie vielleicht Bedingungen stellen, neue Aspekte
  finden, die Weichen auf eine dritte oder vierte Möglichkeit lenken?
- Wie möchten Sie sich am liebsten entscheiden?
- Möchten Sie die voraussichtlichen Konsequenzen tragen?
- Fühlen Sie sich dabei gut, gestärkt, voller Zuversicht?
- Seien Sie unbedingt sich selbst gegenüber ehrlich!
- Dann öffnen Sie wieder die Augen. Kommen Sie zurück
  zur Gegenwart und entscheiden Sie ohne Wenn und
  Aber und gehen Sie Ihren Weg weiter in dem Bewusstsein: Das Risiko wird sich lohnen. Ein weiser Mensch hält
  den Graben zwischen Entscheidung und Umsetzung
  sehr klein.

→ Niemand bereut im „Schaukelstuhl des Lebensabends",
dass er sich etwas zugetraut hat. Sogar ein Scheitern nimmt
er rückblickend mit einem Lächeln hin, wenn sich die Dinge
doch nicht wie gedacht entwickelt haben: Zumindest hatte
man es versucht und sich keine Unterlassung vorzuwerfen.
Menschen bereuen jedoch die verpassten Chancen, weil der
Klebstoff der Routine zu hart, die Trägheit stärker war als
der Mut. Wenn Sie das Für und Wider und mögliche Alter-
nativen bedacht haben, entscheiden Sie sich für eine Richtung – und dann stehen Sie auf, gehen los auf Ihr Ziel, solange Sie können. Bewegung erzeugt Bewegung! Nur
Bewegtes können Sie lenken.

10.3 Wie Profis handeln

In geselliger Runde mit Freunden höre ich oftmals Sätze wie: „Na du bist ja sowieso eine Frohnatur." Oder: „Dir fällt alles zu." Oder: „Dir ist die gute Laune angeboren."

„Nein, so ist es nicht", antworte ich dann. „Auch ich unterliege Stimmungsschwankungen."

Es kann sein, dass ich ohne Grund morgens mit schlechter Laune aufwache oder dass ich negative Gedanken hege, wenn ich vor einer Entscheidung stehe. Niemand ist nur ein Sonnenkind. Wir alle haben unsere blinden Flecken im Charakter und haben an unseren Misserfolgen zu tragen. Dann meldet sich das Schattenkind, hegt seinen Zweifel, und forciert manchmal Ängste. Das ist normal, das müssen wir hinnehmen. Alles andere wäre wie ein Tanz auf Wolken, fern jeder Wirklichkeit. Was jedoch Menschen mit einer positiven Grundeinstellung von solchen unterscheidet, die die Negativität fokussieren: Wer per se von einem gelingenden Leben ausgeht, richtet seinen Fokus auf das Gute. Er hält nicht krampfhaft an Situationen fest, die ihm offensichtlich nicht gut bekommen. Sondern er ist fähig, negative Energie ziehen zu lassen. Wenn ich grundlos traurig bin, ohne dass ein zu lösendes Problem erkennbar ist, halte ich inne. Ich gehe nicht in eine negative Gedankenspirale hinein. Ich unterbreche meinen Zweifel, meine Angst, meine grundlose Traurigkeit, indem ich bewusst einige tiefe Atemzüge nehme. Ich nehme wahr, was im Moment ist, und dieser Moment ist verdammt gut! Ich habe eine wunderbare Familie, einen Beruf, der mich erfüllt. Ich habe ein Dach über dem Kopf und den Kühlschrank mit hochwertigen Nahrungsmitteln gefüllt. Ich gründe meine zweite Firma. Ich schreibe dieses Buch, das mir seit langem schon ein Herzenswunsch war. Vor allem bin ich gesund.

Wenn ich mir also die Situation unter den Aspekten des Gelingens ansehe, gibt es keinen Grund, warum ich der

Zukunft einen Schatten vorauswerfen sollte. Ich darf mit heller Energie auf meinem Weg weitergehen. Und mit dieser Wahrnehmungsänderung, die nur weniger Minuten bedarf, bessert sich meine Laune. Um es auf den Punkt zu bringen: Wenn Sie sich schlecht fühlen, halten Sie inne und verlegen Sie Ihre Wahrnehmung auf das Gute in Ihrem Leben. Und sollte Sie das nicht zur Dankbarkeit führen, läuft etwas schief in Ihrem Leben. Dann sollten Sie sich überlegen, ob der Weg, den Sie gehen, noch der richtige für Sie ist. Und hier liegt der Knackpunkt: Viele Menschen verändern nicht, was sie stört. Sie jammern lieber, pflegen ihre schlechte Laune, haben gelernt, dass sie dann vielleicht mitleidige Zuwendung erhalten – nennen es „Verständnis" und werden danach geradezu süchtig. Und reagieren depressiv, wenn diese Methode nicht mehr funktioniert, weil andere sie durchschauen und nicht mehr mitspielen. Dennoch verharren sie in ihren destruktiven Gewohnheiten. Das ist etwa so, als würde ein Mann jeden Abend beten: „Oh Herr, lass mich reich werden. Mach bitte, dass ich im Lotto den Jackpot gewinne." Und so betet er jahrein und jahraus. Und nichts passiert. Er bleibt arm. Aber dennoch bittet er voller Ehrfurcht weiter um die Millionen, denkt, er müsse nur hartnäckig bleiben. Bis dem Herrn eines Tages der Kragen platzt und er wettert: „Okay du Trottel, dann kauf dir doch endlich mal einen Lottoschein und füll ihn aus!"

Einem Profi wäre das nicht passiert, denn Profis sind bekanntlich die, die konsequent den Weg zum Ziel verfolgen. Sie sind Macher und Analytiker zugleich. Sie kehren um, wenn eine Gefahr droht, die sie nicht meistern können, aber zuvor setzen sie all ihren Willen, ihre Kraft und ihre Kompetenz ein, um das gesteckte Ziel zu erreichen. Keine Kritik von anderen hält sie ab, kein Lob kann sie manipulieren. Sie beten nicht, ohne selbst ihre Voraussetzungen für den Sieg zu schaffen. Und sie lassen los, bevor sie sich in eine unberechenbare Situation verbeißen. Die vier Merkmale von Profis sind:

1. **Profis stellen sich die Sinnfrage**: Wofür trete ich an? Die Antwort auf diese Frage treibt sie an, bündelt ihre Energie auf ein Ziel. Sie laufen nicht los, um unter allen Umständen zu siegen, sondern setzen sich ein für etwas, das größer ist als ihre Eitelkeit. Wo andere längst Stress empfinden, ist der Profi noch immer voll heller positiver Energie, denn er weiß: Was er anstrebt, wird nicht nur ihn weiterbringen, sondern auch seinen Mitmenschen einen Vorteil bieten. Manch alleinerziehende Mutter zum Beispiel hält zwei Jobs gleichzeitig aus. Andere Menschen würden das auf Dauer kaum durchhalten. Doch die Mutter tut das für ihre Kinder, für deren Zukunft, und deshalb hält sie trotz aller Belastung durch.

2. **Profis haben das Ziel im Blick.** Das bedeutet konkret: Nichts und niemand kann einen Profi aufhalten. Es gibt im Sport, im Beruf und auch im privaten Umfeld immer wieder Angebote, die uns vom aktuellen Ziel weglocken wollen. Ein Profi geht darauf nicht ein. Er eröffnet keine neuen Baustellen, die seine Aufmerksamkeit absorbieren. Er lässt nicht zu, dass man ihn umlenkt auf einen anderen Weg. Es gibt Studenten, die absolvieren ihre Kurse in Rekordzeit. Das liegt nicht an einer überbordenden Intelligenz, sondern einzig am Willen, das Ziel zu erreichen. Wie einfach wäre es, am Wochenende mit Freunden auszugehen, keine Party auszulassen. Das aber frisst Zeit und Energie. Es drosselt das Tempo zur Zielerreichung. Wir müssen stets entscheiden, was wir tun und was wir lassen. Ein Profi ist bereit, harte, arbeitsame Lebensphasen durchzustehen. Er nimmt Entbehrungen in Kauf, um sein Ziel zu erreichen. Er hält sich fit, damit auch er selbst sein Ziel nicht gefährdet. Vor allem weiß

er, wofür er diese Einschränkungen auf sich nimmt. Er kennt sein Wofür und handelt nach seinen Werten.

3. **Ein Profi findet seinen eigenen Rhythmus. Er lässt sich nicht aufhalten und auch nicht drängen.** Jeder Mensch hat seinen eigenen Zeittakt. Der ist zum Teil angeboren, zum Teil abhängig von der Umwelt und der Kultur, in der dieser Mensch aufgewachsen ist. So kann es sein, dass Menschen unterschiedlich schnell erschöpft sind und dass wir eine Pause brauchen, wo andere noch fit sind. Mit anderen Worten: Der eine braucht eine kalte Dusche, der andere eine heiße Bohnensuppe. Ein Profi achtet auf diesen inneren Takt. Er weiß seine Energie einzuteilen, um optimale Leistung zu bringen. Wenn es sein muss, zieht er sich sogar in eine innere Schutzhütte zurück, um später gestärkt wieder hervorzutreten. Dieses Innehalten nach dem eigenen Rhythmus schützt ihn vor dem Ausbrennen und vor Stimmungs- und Leistungsschwankungen.

4. **Die Schutzhütten am Rande des Weges.** Es kommt Ihren Zellen nicht darauf an, dass Sie möglichst schnell möglichst viele Ziele erreichen. Vielmehr bringt es für Ihre Gesundheit den besten Gewinn, wenn Sie zwischen Anstrengung und Ausspannen wechseln. Diese Pausen zwischen den Erfolgen nenne ich Schutzhütte. Es ist gut, wenn Sie sich regelmäßig allein dorthin zurückziehen und dabei Leistung und Erfolg loslassen. Loslassen wirkt Wunder, sozusagen. Vielleicht ist es sogar das primäre Instrument, um gesund und zufrieden zu bleiben. Mein Traum war damals, Fußballtrainer zu werden. Und als ich die Trainerprüfungen bestanden hatte, Mannschaften der dritten Ebene trainierte, war das nächste Ziel, eine Bundesligamannschaft zum Sieg zu begleiten. Zu verlockend waren Ruhm und Geld und Einfluss. Ich habe an diesem Ziel verbissen gearbeitet – und bin fast daran erschöpft. Und dann habe ich los-

gelassen. Ich habe mich in meine innere Schutzhütte zurückgezogen und nachgedacht, welchen Weg ich alternativ einschlagen könnte, weil die Angebote zur Verwirklichung meines Ziels fehlten. Ich hatte mich beworben. Aber die Türen schienen für mich verschlossen, obwohl ich wusste, dass ich alle Voraussetzungen des Trainerprofils erfüllte. Und mit dem Innehalten in meiner Schutzhütte, mit dem Loslassen dieses Ziels geschah etwas Besonderes. Als ich längst auf einem anderen Weg war – ich hatte meine Studien zum Ernährungs- und Mentalcoach abgeschlossen, ein Fitnessstudio in Belgien eröffnet und mich mehr und mehr auf meine Familie konzentriert – da flatterte mir das Angebot unverhofft zu. Es war nicht irgendein Angebot, es war der Hamburger Sportverein, der mich als zweiten Trainer verpflichten wollte. Zunächst war ich verwundert, habe mir Zeit genommen, über das Angebot nachzudenken, habe es sogar zuerst abgesagt, weil meine Ausrichtung mittlerweile anders geworden war. Ich war mir nicht mehr sicher, ob ich diese aufgeben wollte für einen vergangenen Traum. War der Job als Fußballbundesligatrainer noch immer erstrebenswert für mich? Konnten mich Medien, Rummel und Geld noch locken? Dass ich am Ende doch zugesagt habe, lag an der Einsicht: Es geschieht nichts umsonst im Leben. Alles, was wir unternehmen, vorantreiben, alle Energie, die wir aufwenden, bringt ein Echo. Ich habe dieses Echo zunächst im Raum stehengelassen, habe überlegt, ob ich dieses Angebot wirklich annehmen will. Ich war selbst überrascht, wie lässig ich reagierte, wie ich mir Zeit nahm, um nachzudenken. Und ich kam zu der Einsicht: Wäre ich nicht zurückgetreten von diesem Ziel, hätte ich nicht losgelassen von meinem Eifer, ich hätte mich verlaufen. So aber ließ ich die Energie für mich arbeiten, ließ aufblühen, was ich in früheren Jahren gesät hatte.

Und das wünsche ich auch Ihnen: Treten Sie hin und wieder zurück, suchen Sie Schutz vor den eigenen allzu ambitionierten Zielen. Jede Frucht braucht Zeit, um zu wachsen und aufzublühen. Vertrauen Sie sich selbst – und damit auf Ihren Weg im Leben. Ein Afrikanisches Sprichwort sagt: „Gras wächst nicht schneller, wenn wir dran ziehen"

Literatur

1. koeln.de. Das Kölsche Grundgesetz. https://www.koeln.de/koeln/das-koelsche-grundgesetz-die-11-regeln-der-domstadt_1121331.html. Zugegriffen am 21.02.2022
2. Brickman P, Coates D, Janoff-Bulman R (1978) Lottery winners and accident victims: is happiness relative? J Pers Soc Psychol 36(8):917–927. https://doi.org/10.1037//0022-3514.36.8.917

Epilog: Der innere Kompass

Was ist Ihnen in Ihrem Leben wirklich, wirklich wichtig?
Diese Frage stellen wir in der Alltagshektik selten. Sie wird
zugedeckt von Routinen, von Pflichtaufgaben, von all den
Dingen, die wir glauben, erledigen zu müssen. Dabei ist
diese Frage die Quelle für Ihre Inspiration und auch für
Ihre Entscheidung, glücklich zu sein.

Als ich ein kleiner Junge war, glaubte ich daran, dass
mein Glück von Abenteuern und Reisen abhing. Ich langweilte mich, wenn meine Eltern die Ferien am immer selben Ort verbrachten, wenn selbst in diesen kostbaren Wochen die Routine Einzug hielt. Dann träumte ich davon,
wie es wäre, Überraschendes zu erleben. Schon der Gedanke an ferne Länder faszinierte mich – und an dieser
Neugier hat sich bis heute nichts verändert.

Was uns wirklich erfüllt, was unsere Sinne triggert, zeigt
sich bereits in jungen Jahren, denn es ist zu einem Teil tief
in unserer DNA verankert. Und wenn ich Ihnen am Ende
meines Buches einen Wunsch mit auf den Weg geben darf,
dann diesen: Bleiben Sie ein Spurensucher. Erforschen Sie
Ihre Gedanken- und Gefühlswelt, erkennen Sie, wovon Sie

© Zellglück GmbH 2022
M. Göbbels, *Lebensziel: Glücklich sein*,
https://doi.org/10.1007/978-3-658-36901-9

früher träumten – und was Ihnen davon bis heute wichtig geblieben ist. Und versuchen Sie dann, zumindest zu einem Teil, diese Aspekte in Ihren Alltag zu integrieren.

Das Leben ist zu kurz, um Herzensangelegenheiten zu verschieben, um es sich im Überlebensmodus bequem zu machen. Die Gefahr, in einem langweiligen, überraschungsbefreiten Alltag zu landen, ist dann viel zu groß.

Besonders meine Kunden kurz vor der Rente sagen häufig einen bedenkenswerten Satz: „Es ist plötzlich so schnell gegangen. Ich dachte, ich habe mehr Zeit, um mich zu verwirklichen." Und genau hier beginnt der Trugschluss: Zeit wartet nicht, sie fließt durch die Jahre einem Ende entgegen. Was Sie aufschieben, bleibt oft gänzlich auf der Strecke. Es versickert in der Zeit.

Ihre Zellen, die kleinsten Bausteine Ihres Körpers und Geistes, arbeiten unablässig für Ihre Gesundheit. Sie schützen Sie vor Angriffen. Sie passen sich den inneren und äußeren Gegebenheiten an. Sie teilen sich, verändern sich, neutralisieren Gifte. Sie sind Ihre Quelle für Energie und auch der Motor für Ihre Vitalsysteme. Und sie sind der Träger all Ihrer Talente und Träume. Indem Sie Ihre Zellen pflegen, sie mit guter Nahrung und konstanter Bewegung fit halten, werden Sie all diese wunderbaren Prozesse in Ihrem Körper unterstützen. Und denken Sie daran: Zur körperlichen Fitness summiert sich die seelische Gesundheit! Erst, wenn Sie beides wahrnehmen, annehmen und nach besten Absichten zu etwas Einzigartigem formen, werden Sie ganzheitlich gesund sein.

Die seelische Gesundheit formt sich mit unseren Träumen und Sehnsüchten. Sie ist Ihr innerer Kompass durch gute sowie auch durch schwere Zeiten.

Wer aufbricht, das Abenteuer Leben zu suchen, geht immer auch das Risiko zu stolpern ein. Aber glauben Sie mir, am Ende blickt derjenige auf ein erfülltes Leben zurück, der sich traute, seine Talente sichtbar zu machen, seine Lust auf Überraschungen wachzuhalten. Deshalb: Keine Angst vor dem Stolpern! Keine Angst vor Entbehrungen. Aus beidem, dem Stolpern und den Entbehrungen, entsteht eine Art von Glück, die ich B-Glück nenne. B-Glück ist kein Lottogewinn! B-Glück fällt Ihnen nicht zu, es ist kein Zufall! Es ist immer selbst gemacht. Immer setzt es Aufbruch voraus. Es kann sogar sein, dass ihm zunächst Schmerz und Tränen vorausgehen. Irgendwann aber wird sich das Positive herauskristallisieren, wird Ihr kalkuliertes Risiko belohnt. Dann folgt die Erkenntnis: Jeder Schritt war ein Schritt zum Herzensziel.

In diesem Sinne wünsche ich mir, dass mein Buch Sie inspiriert hat, aufzubrechen, mutig Stück für Stück Ihren eigenen Weg zu gehen. Zellgesundheit setzt Licht, Bewegung, frische Luft, natürliche Ernährung, den Wechsel von Wachen und Schlafen voraus, die Balance zwischen Entspannung und Anspannung, Life-Balance. Was einfach klingt, ist im Alltag eine Herausforderung. Nehmen Sie sie an, wie ein Spiel. Mit heiterer Gelassenheit, in dem Bewusstsein, dass wir das Spiel des Lebens am Ende nicht gewinnen können. Nur das Leben heute!

Glück haben liegt nicht immer in unsere Hand, glücklich sein liegt in unserer Selbstverantwortung!

Fühlen Sie sich glücklich und lebendig, an jedem Tag. Das wünsche ich Ihnen.

❯❯ 20 Slogans für Ihr Zellglück
Das Spiel des Lebens kannst du nicht gewinnen, nur spielen.

Nicht die glücklichen Menschen sind dankbar, die Dankbaren sind glücklich.

Lebe deine DNA! Du bist keine Kopie – du bist einzigartig!

Verwechsle niemals Reichtum mit Vermögen.

Ziele setzen Handlungen in Gang.

Der Leitstern in deinem Leben entspringt aus deiner DNA. Folge ihm.

Alles ist schon da, wir müssen es nur wahrnehmen und annehmen.

Leben ist Bewegung.

Bewegung bringt Bewegung.

Lebe mit Haltung.

Gesundheit ist die Basis von allem!

Iss Lebensmittel, keine Überlebensmittel.

Der gesündeste Mensch auf dem Friedhof bekommt keinen Pokal.

Achte auf deine Zellen, denn dort liegt der Schlüssel zu deiner Gesundheit.

Besser gut gelaunt zu McDonalds als schlecht gelaunt zum Bio-Laden.

Positiver oder negativer Stress, du bewertest!

Leben und Stress gehören zusammen.

Lebe, denn überleben können wir das Leben nicht.

Die Interpretation der Wahrnehmung ist dein persönlicher Schlüssel zum Zellglück.

Der Fluss des Lebens fließt Richtung Zukunft!

Printed in the United States
by Baker & Taylor Publisher Services